narr **STARTER**

Björn Rothstein/Linda Stark

Wissenschaftliches Arbeiten für Linguisten

narr\francke\attempto

Bibliografische Information der Deutschen Nationalbibliothek

Die Deutsche Nationalbibliothek verzeichnet diese Publikation in der Deutschen Nationalbibliografie; detaillierte bibliografische Daten sind im Internet über http://dnb.dnb.de abrufbar.

Dischingerweg 5 · D-72070 Tübingen

Gedruckt auf säurefreiem und alterungsbeständigem Werkdruckpapier.

Internet: www.narr-starter.de
www.narr-studienbuecher.de
E-Mail: info@narr.de

Satz: typoscript GmbH, Walddorfhäslach
Printed in Germany

ISSN 2509-6036
ISBN 978-3-8233-8030-6

Inhalt

Vorwort

Wir hoffen, Ihnen mit diesem Büchlein in grundlegenden linguistischen Fragen zu Beginn Ihres Studiums eine übersichtliche Hilfe an die Hand zu geben. Auf weiterführende Anleitungen zu Fragen, die die vorliegende Einführung sprengen würden, verweisen wir in den einzelnen Abschnitten. Unser Büchlein übernimmt Teile aus dem *narr studienbuch* von Björn Rothstein *Wissenschaftliches Arbeiten für Linguisten* (2011). Wir haben diese Teile auf die Bedürfnisse von Studienanfängern hin überarbeitet, erläutert und ergänzt. Zusätzlich bieten wir Übungsaufgaben mit Lösungsvorschlägen an, die Sie z. T. unmittelbar nach der Aufgabe, z. T. am Ende des Buchs finden.

Wenn wir in diesem Büchlein von Dozenten usw. sprechen, so meinen wir selbstverständlich Dozentinnen und Dozenten. Da uns wenig Platz zur Verfügung steht, beschränken wir uns auf diese verkürzte Angabe.

Unabhängig davon, wie ausführlich eine Einführung auch sein mag, kann sie niemals den Austausch mit Kommilitonen und die individuelle Beratung einer Lehrperson ersetzen. Jedoch können Sie sich mit der vorliegenden Einführung einen ersten Überblick über die grundlegenden Arbeitsformate in der Linguistik verschaffen.

Bochum und Würzburg im Juli 2016
Björn Rothstein und Linda Stark

1. Linguistische Texte lesen

Der Löwenanteil des linguistischen Studiums besteht aus der Lektüre und der Reflexion wissenschaftlicher Schriften, für deren Bewältigung es Lesestrategien gibt.

Wie Sie linguistische Texte lesen können, zeigen wir Ihnen im vorliegenden Kapitel, indem wir im Folgenden einen Aufsatz von Marga Reis aus dem Jahre 1986 studieren. Die Angabe, wo Sie den Aufsatz finden, lautet:

Reis, M. (1986): Subjekt-Fragen in der Schulgrammatik? *Deutschunterricht* 38, 64–84.

Zwar ist er für Studienanfänger schwer zu lesen, doch steckt in ihm eine Menge Potential, zu lernen, wie man linguistisch liest, argumentiert und arbeitet. Sie sollten ihn nach Möglichkeit parallel zu diesem Kapitel lesen.

Dazu suchen Sie bitte nach der Zeitschrift *Deutschunterricht* im Katalog Ihrer Hochschulbibliothek. Nachdem Sie diese Zeitschrift gefunden haben, suchen Sie bitte den Band 38, der im Jahr 1986 erschienen ist. Den Aufsatz finden Sie auf den Seiten 64 bis 84.

Eine der bekanntesten Lesestrategien ist die SQ3R-Methode nach Robinson (1966), deren Name sich aus den Anfangsbuchstaben ihrer einzelnen Arbeitsstufen *Survey, Question, Read, Recite* und *Review* zusammensetzt. Lesen wird dabei als ein mehrstufiger Vorgang aufgefasst und mindestens in die drei Phasen *Vorbereitung, eigentliches Lesen* und *Nachbereitung* unterteilt, die wiederum teilweise mehrere Stufen beinhalten.

Jede der einzelnen Stufen umfasst folgende Aufgaben:

Phase	Stufe	Funktion	Aufgaben
Vorbereitung	Survey	Überblick gewinnen	Durchsehen von Titel und Bibliographie und falls vorhanden auch von Inhaltsverzeichnis und Zusammenfassung der Arbeit
	Question	Erarbeitung einer Zielführung oder Struktur für die Textlektüre	Formulierung von Fragen an den Text anhand der klassischen W-Fragen (wer, was, wann, wo, wie, warum …)
Lesen	Read	Lesen	Lesen
Nachbereitung	Recite	Sich den Text in Erinnerung rufen	Zusammenfassung des Gelesenen
	Review	Erneutes Durchsehen, Repetieren	Überprüfung, ob der Text verstanden und die Fragen beantwortet wurden

Abb. 1 – 1: Die SQR3-Methode nach Robinson (1966)

Vergegenwärtigen wir uns die SQ3R-Methode am oben bereits erwähnten Aufsatz: In der Stufe ***Survey*** entnehmen Sie dem Titel, dass sich die Studie von Marga Reis mit dem Subjekt in der Schulgrammatik befasst. Der Aufsatz enthält keine Zusammenfassung und auch kein Inhaltsverzeichnis. Deshalb sehen Sie sich nun die Bibliographie an, die wir hier auszugsweise aufführen.

Was fällt Ihnen bei der Bibliographie auf? Welche Adressatengruppen werden angesprochen? Wie ist die Bibliographie aufgebaut?

Aßheuer, Johannes/Hartig, Matthias (1976): Aufbau einer Schulgrammatik auf Primar- und Sekundarstufe. Düsseldorf.
Boettcher, Wolfgang/Sitta, Horst (1981): Der andere Grammatikunterricht. München/Wien/Baltimore.
Brünner, Gisela (1982): Wer oder was kennst du? Probleme des Grammatikunterrichts. In: Karl Detering/Jürgen Schmidt-Radefeldt/Wolfgang Sucharowski (Hrsg.) (1982): Akten des 16. linguistischen Kolloquiums Kiel 1981. Bd. 1 (= LA 119). Tübingen, 136–146.
Duden (1984): Grammatik der deutschen Gegenwartssprache. 4., völlig neu bearbeitete und erweiterte Auflage (= Duden. Band 4). Herausgegeben und bearbeitet vom Wissenschaftlichen Rat und den Mitarbeitern der Dudenredaktion unter Leitung von Günther Drosdowski. Mannheim/Wien/Zürich.
Einecke, Günther e. a. (1982): Wie integrieren wir Grammatik in den Deutschunterricht der Sekundarstufe I. Frankfurt/Main (Unterrichtspraxis. Deutsch-Sprachunterricht).
[...]

Lehrwerke

bsv Deutsch 5. Lese- und Sprachbuch (1980). Robert Kainz/Hans-Uwe Rump/Manfred Volk (Hrsg.). München: Bayerischer Schulbuchverlag.

[...]
(Reis 1986: 83)

Die Bibliographie informiert Sie darüber, dass Reis fachwissenschaftliche, fachdidaktische und unterrichtspraktische Literatur berücksichtigt. Als Leser dieses Aufsatzes wissen Sie demnach, an wen er sich richtet. Sie stellen sich nun in der Stufe ***Question*** Fragen, zu denen Sie sich bei der Lektüre des Aufsatzes Antworten erhoffen.

j ob\ Was würden Sie sich nun fragen, ohne auf unseren weiteren Text zu spicken? Überlegen Sie sich dazu, was

Sie bereits über das Subjekt wissen. Was würden Sie darüber hinaus gerne wissen?

Vermutlich kommen Sie zu Fragen der folgenden Art: Was ist ein Subjekt? Wer verwendet den Ausdruck? Warum benötigt man ein Subjekt? Wie verhält sich das Subjekt zu den anderen Satzgliedern? Wofür argumentiert Reis?

Sie können sich diese Fragen als Leitfragen auf ein gesondertes Blatt notieren und bei der Stufe ***Review*** wieder darauf eingehen und schauen, ob der Aufsatz dazu sinnvolle Antworten gefunden hat.

Reis formuliert in ihrem Aufsatz tatsächlich selbst Fragen, die Sie in der Stufe ***Read*** zu Beginn Ihrer Lektüre lesen:

> Eines der offenbar unverzichtbaren Lernziele auch des elementaren Grammatikunterrichts ist die Beherrschung des Subjektbegriffs. [...] Wenn das so ist, dann stellen sich dem Lehrer mindestens vier unterrichtsrelevante Fragen, auf die er eine Antwort haben sollte:
>
> (I) Wie ist „Subjekt“ zu definieren, bzw. wie sind Subjekte zu identifizieren?
> (II) Wie verhält sich das Subjekt zu anderen Satzgliedern?
> (III) Welche Reichweite, bezogen auf die Gesamtheit deutscher Sätze, hat der Subjektbegriff?
> (IV) Wozu, bezogen auf sprachbezogene Erkenntnisziele, ist die Kenntnis des Subjektbegriffs gut?
>
> (Reis 1986: 64)

Damit wissen Sie schon etwas mehr. Reis (1986) formuliert in ihrer Einleitung deutlich, worum es im Folgenden gehen wird:

> Soweit ich sehe – und das mag natürlich nicht weit genug sein – gibt es zwar Traditionen mit (I)-(IV) fertigzuwerden; sprachwissenschaftlich befriedigend sind sie jedoch nicht. Die Verantwortung dafür dürfte letztlich alle Beteiligten betreffen. Ich will in diesem Beitrag jedoch vor der eigenen – sprachwissenschaftlichen – Tür kehren, und das mit gutem Grund: Was die Sprachwissenschaft bisher der Schulgrammatik an spezifischen Vorgaben zum Subjektbegriff geboten hat, ist – entgegen dem äußeren Anschein [...] – nahezu wertlos. [...] Meine Diagnose für diesen Mißstand ist in dessen Beschreibung schon angedeutet: Sprachwissenschaftliche Begriffe lassen sich außerhalb des Gesamtzusammenhangs der Sprachbeschreibung nicht sinnvoll diskutieren.
> (Reis 1986: 64–65)

Es geht also um die kritische Diskussion des Subjektbegriffs. Nach der Lektüre der Einleitung lesen Sie zunächst den Schlussteil des Aufsatzes:

> Wenden wir uns abschließend nochmals den Ausgangsfragen zu:
>
> (I) Wie ist „Subjekt“ zu definieren?
>
> Nach den vorhergehenden Überlegungen scheint es zumindest fraglich, ob man diesen Begriff für die Beschreibung des Deutschen zusätzlich braucht. Will man ihn trotzdem weiterverwenden – was in sprachvergleichender Hinsicht gerechtfertigt wäre –, ist er am besten mit „Nominativ-NP“ gleichzusetzen.
> (Reis 1986: 80)

Reis (1986) hat demnach gegen die schulgrammatische Verwendung des Subjektbegriffs argumentiert. Sie möchte ihn durch den Begriff „Nominativ-NP“ ersetzen. Zur Erinnerung können verkürzte Definitionen von Nominativ und Nominalphrase im *Lexikon der Sprachwissenschaft* von Hadumod Bußmann (2008) nachgelesen werden – ein hilfreiches Nachschlagewerk für Linguisten.

Anschließend lesen Sie den Hauptteil, um herauszufinden, wie Reis von der Einleitung zum Schlussteil kommt. Beim wissenschaftlichen Lesen werden zumeist die relevanten und besonders wichtigen Textpassagen unterstrichen, damit man sie später leichter findet. Um mit Unterstreichungen effektiv arbeiten zu können, muss man sie jedoch sparsam einsetzen. Die Unterstreichungen lassen sich durch Bemerkungen am Rand ergänzen. Diese können etwa in Form von Abkürzungen zur Markierung von inhaltlichen Hervorhebungen (durch ein Ausrufezeichen) und von Zusammenfassungen (mit dem Summenzeichen „Σ“) gestaltet werden. Ein „L“ markiert die Literaturangabe als wichtig. Damit sieht eine sinnvolle erste Textbearbeitung des letzten Abschnitts der einführenden Bemerkungen von Reis ungefähr wie folgt aus:

> Meine Diagnose für diesen Mißstand ist in dessen Beschreibung
> schon angedeutet: Sprachwissenschaftliche Begriffe lassen sich !
> außerhalb des Gesamtzusammenhangs der Sprachbeschreibung
> nicht sinnvoll diskutieren. Entsprechend will ich bei der folgenden
> Diskussion des Subjektbegriffs anders, das heißt „gesamtgrammatisch“ (s. u.) verfahren; ich lehne mich dabei an eine bereits
> erschienene Untersuchung (Reis 1982) an. Dabei ergeben sich L
> auch Antworten auf (I)–(IV), doch kommt es mir darauf weniger
> an als auf die Überzeugungskraft des eingeschlagenen Verfahrens:
> Es soll deutlich werden, daß Fragen wie (I)–(IV) auf anderem Weg Σ

> gar nicht sinnvoll verfolgbar sind. Daß diese Einsicht unserem Fünftklassenlehrer unmittelbar nützt, unterstelle ich dabei nicht; falls er von der Sprachwissenschaft vor allem operationale Hilfe – „die" Subjekt-Probe – und kommunikative Sinngebung für sein diesbezügliches Tun erwartet hat, wird sie ihn – zunächst – sogar eher entmutigen.
> (Reis 1986: 65)

Der Hauptteil beginnt mit folgendem Textabschnitt, den wir anschließend exemplarisch besprechen.

> 1. Zur Einstimmung rekapituliere ich kritisch die Antwortpraxis zu (I)-(IV), wie sie sich in den derzeit gängigen Lehrwerken spiegelt:
> 1.1. Zu Frage (I), an der kein Lehrwerk vorbeikommt, gibt es einen Kanon üblicher Bestimmungsstücke, vgl. (2 a-e).[...] Dabei bilden heute die morphosyntaktischen bzw. operationalen Kriterien (2 a-c) in der Regel die Leitmerkmale, mit denen die semantische Bestimmung (2 d) oder die pragmatische Bestimmung (2 e) (fakultativ) korreliert sind. Hinzu kommt gelegentlich die „Infinitivprobe" (2 f).

Kanon !

> (2) *Das Subjekt*
> *a) steht im Nominativ;*
> *b) bestimmt die Form des finiten Verbs (Kongruenz);*
> *c) ist mit „wer oder was?" erfragbar;*
> *d) ist Ansatzstelle des verbalen Geschehens;*
> *e) ist das, worüber man spricht („Satzgegenstand");*
> *f) fällt weg im Infinitiv.*
>
> Daß (2) sehr unterschiedliche Kriterien umfaßt, wäre weder an sich, noch definitorisch ein Problem, wenn diese korrelierten. Das tun sie aber nicht (s. dazu ausführlich Abschnitt 2). Auch wenn es Implikationsbeziehungen [Schlussfolgerungsbeziehungen, B. R. & L. S.] gibt (so etwa [2 f->a], [2 b->a]), gibt es keinen einzigen Fall von Äquivalenz, nicht einmal zwischen (2 a) und (2 f), vgl. die

infiniten Sätze in (3), die (neben dem Vokativ) auch eine Nominativgröße enthalten. – Hinzu kommen die bekannten Probleme mit dem sog. Gleichsetzungsnominativ in Kopulasätzen [*Er ist Lehrer,* B. R. & L. S.].

(3) He, ihr da drüben: Keiner aufstehen, alle sitzenbleiben!

Damit liefert (2 a-f) aber genau die Definitionssicherheit nicht, die es über simple Fälle wie (1) hinaus gewährleisten sollte: Was als Subjekt zu gelten hat, hängt davon ab, welche Kriterien man Σ auswählt, in welcher Bündelung und Hierarchisierung man sie benutzt, und darüber hinaus, wie man Diskrepanzfälle wie (3) oder Kopulasätze – wichtige oder vernachlässigbare (Rand-) Erscheinungen? – einschätzt.
(Reis 1986: 65–66)

Es lassen sich folgende Argumente notieren:

Die üblichen Definitionskriterien für Subjekte nach Meinung der Lehrwerke sind:
(2) Das Subjekt
- a) steht im Nominativ;
- b) bestimmt die Form des finiten Verbs (Kongruenz);
- c) ist mit „wer oder was?“ erfragbar;
- d) ist Ansatzstelle des verbalen Geschehens;
- e) ist das, worüber man spricht („Satzgegenstand“);
- f) fällt weg im Infinitiv.

Diese Kriterien führen zu Problemen, auf die Reis in Abschnitt 2 eingeht.
Was man demnach als Subjekt analysiert, hängt ab von
- der Wahl der zugrunde gelegten Kriterien,
- ihrer Hierarchisierung,
- ihrer Bündelung und
- der Behandlung von Randerscheinungen.

Die Besprechung des gesamten weiteren Texts ist hier leider nicht möglich. Wenn Sie jedoch den Aufsatz weiter verfolgen, so sehen Sie, dass die später genannten Argumente auf den früher diskutierten aufbauen.

Lesen Sie den Hauptteil des Aufsatzes weiter, indem Sie mit Unterstreichungen, Randmarkierungen und kurzen Kommentaren arbeiten.

In der Stufe ***Recite*** aus der Phase ***Nachbereitung*** rufen Sie sich den Text in Erinnerung, indem Sie ihn zusammenfassen. Sie sollten dabei vier Prinzipien berücksichtigen:

- Ihre Texterfassung muss exakt sein.
- Ihre Texterfassung muss vollständig sein.
- Ihre Darstellung muss übersichtlich sein.
- Ihre Darstellung muss prägnant sein.

Die Zusammenfassungen können stichwortartig oder in zusammenhängenden Sätzen verfasst sein und sollten auch Titel, Verfasser, Publikationsort etc. der zusammengefassten Studie enthalten.

Ein solches Vorgehen macht sich insbesondere dann bezahlt, wenn Sie große Textmengen bearbeiten müssen. Das einführende Lehrwerk *Syntax. Grundlagen und Theorien* von Dürscheid (2012) enthält eine mögliche, jedoch aufgrund der einführenden Natur des Buches verständlicherweise nicht allzu sehr in die Tiefe gehende Zusammenfassung der Reis'schen Argumentation, die als exemplarisch für die Einarbeitung von wissenschaftlicher Literatur in eigene Untersuchungen gelten darf.

> Der interessierte Leser sei [für die Analyse des Subjekts, B. R. & L. S.] […] auf die Ausführungen von Marga Reis verwiesen, die in ihrem viel beachteten Aufsatz *Zum Subjektbegriff im Deutschen* aus dem Jahr 1982 an einer

Vielzahl von einschlägigen Daten die Subjektkriterien auf ihre Plausibilität hin überprüft und das Verhältnis von Subjekt und Nominativ thematisiert. In einem weiteren Aufsatz zum Subjekt mit dem Titel *Subjekt-Fragen in der Schulgrammatik?* bezieht sie zudem didaktische Aspekte ein und diskutiert die in Lehrbüchern immer wieder genannten Subjekteigenschaften (vgl. M. Reis 1986). Eine Auflistung solcher Subjekteigenschaften folgt in (3):

(3) Prototypische Merkmale des Subjekts
Das Subjekt ist mit „wer oder was" erfragbar (semantisches Kriterium).
Das Subjekt ist das, worüber man spricht (pragmatisches Kriterium).
Das Subjekt ist kongruenzauslösend (formales Kriterium).
Das Subjekt wird in der Regel durch eine NP im Nominativ realisiert
(formales Kriterium).
Das Subjekt fällt weg im Infinitiv (syntaktisches Kriterium).

Was das letztgenannte Kriterium betrifft, weist Reis (1986: 66) zu Recht darauf hin, dass das Subjekt im Infinitiv nicht immer wegfällt, obwohl Konstruktionen vom Typ *Er verspricht Paula ___ zu kommen* vs. *Er verspricht Paula, dass er kommt* dies nahelegen [sic!]. Sie nennt als Beispiele Sätze wie *Keiner aufstehen! Alle sitzenbleiben!*, in denen das Subjekt realisiert ist, obwohl das Verb im Infinitiv steht. Ein anderes Problem stellt die gerade im Schulunterricht beliebte Frageprobe mit *wer oder was* dar. In Sätzen wie *Es regnet* oder *Es friert*, in denen das Pronomen *es* referenzsemantisch leer ist, kann auf diese Weise nicht nach dem Subjekt gefragt werden. Die Frage *wer oder was* setzt voraus, dass die erfragte Konstituente referentiell ist, d. h. sich auf ein Objekt in der außersprachlichen Welt bezieht. [...] Auch nicht-nominale Elemente können als Subjekt fungieren (vgl. Subjektsätze vom Typ *Wer andern eine Grube gräbt, fällt selbst hinein.*) Umgekehrt muss nicht jede Nominativ-NP das Subjekt des Satzes sein. In dem Satz *Er ist Lehrer* treten beispielsweise zwei nominativisch markierte Glieder auf; doch nur das erste steht im Subjekt, das zweite ist ein Prädikatsnomen bzw. ein Prädikativum.

Aus diesen kritischen Einwänden lassen sich nun verschiedene Schlüsse ziehen. Die einen plädieren wie Reis (1982) dafür, den Subjektbegriff als Beschreibungskategorie im Deutschen ganz aufzugeben, die anderen verweisen darauf, dass solche Satzgliedbegriffe trotz der anerkannten Probleme verwendet werden sollen, „weil es praktisch ist und wir gewisse Dinge mit ihrer Hilfe leichter sagen können als ohne sie“ (P. Eisenberg 1994: 63).
(Dürscheid 2012: 36)

Zu einer solchen Zusammenfassung kommen Sie in etwa mit den folgenden Schritten:

1. Lesen Sie den Hauptteil überfliegend und markieren Sie Ihnen nicht unmittelbar verständliche Textstellen. Sie können dabei nach jedem Einzelkapitel zunächst mit Punkt zwei fortfahren und dann erst den nächsten Textabschnitt in Angriff nehmen.
2. Erschließen Sie sich nun sprachlich wie inhaltlich die als schwer markierten Textpassagen.

3. Lesen Sie den Text erneut: Versuchen Sie den Text inhaltlich in Sinnabschnitte zu unterteilen.
4. Verfassen Sie knappe vorläufige Zusammenfassungen der einzelnen Sinnabschnitte.
5. Bauen Sie nun aus Ihren knappen vorläufigen Zusammenfassungen eine präzise Zusammenfassung des Gesamttexts.
6. Überprüfen Sie Ihre eigene Zusammenfassung durch die erneute Lektüre des Texts.

Die Stufe ***Review*** gehört ebenfalls zur Phase der Nachbearbeitung. Sie sollten nun den Text erneut durchsehen und überprüfen, ob Ihre eingangs formulierten Fragen beantwortet wurden.

Gehen Sie zu Ihren eingangs gestellten Fragen an den Aufsatz von Marga Reis zurück. (Wie) wurden diese beantwortet?

Zum Beispiel kommen Sie zu folgender Antwort:

- Wofür argumentiert Reis?
  Reis argumentiert dafür, den Begriff „Subjekt" durch „Nominativ-NP" zu ersetzen, da dieser beschreibungsadäquater ist. Der Begriff „Subjekt" vereinigt zu verschiedene Kategorien wie Subjektsätze und Nominativ-NP.

Bearbeiten Sie nach dem gleichen Vorgehen den Aufsatz zum partizipialen Kommen-Konfigurativ von Rothstein (2007), den Sie als online-content auf der Verlagshomepage finden (www.narr-starter.de).

Weiterführende Literatur, die sich mit dem Lesen sprachwissenschaftlicher Texte befasst, ist uns nicht bekannt. Allgemeine Hinweise liefert folgendes Buch:

Stary, J. & Kretschmer, H. (1994): *Umgang mit wissenschaftlicher Literatur. Eine Arbeitshilfe.* Berlin: Cornelsen Scriptor.

2. Linguistische Texte referieren, zitieren und angeben

Stellen Sie sich zum Beispiel vor, jemand würde einfach die Ideen aus dem Subjekt-Aufsatz von Marga Reis als seine eigenen aufführen: Das wäre nicht nur eine Frechheit, es wäre ein Plagiat, also ein Fall von Ideenklau, der rechtlich zu ahnden wäre. Wissenschaftlich zu arbeiten, bedeutet zwar auch immer, sich mit den mündlichen oder schriftlichen Äußerungen anderer auseinanderzusetzen und sich von ihnen abzugrenzen; gleichzeitig bedeutet es aber auch, fair mit den Äußerungen anderer umzugehen und sie nicht als seine eigenen auszugeben.

Wie Sie eigene und fremde Gedanken als solche in Ihren wissenschaftlichen Arbeiten markieren, zeigen wir Ihnen im vorliegenden Kapitel, indem wir auf Plagiate, Zitate, Referate und die Angaben, wo die Referate und Zitate herstammen, eingehen.

2.1 Plagiate

Plagiate sind illegitime Übernahmen fremden Gedankenguts in den eigenen Text. Nach Weber-Wulff & Dehrmann (2015: 173 f.) gibt es folgende Arten des Plagiats:

- *Copy and paste*: Längere Textpassagen werden wörtlich in den eigenen Text übernommen, ohne sie als Zitate kenntlich zu machen.
- *Patchwriting* (vgl. Moore Howard 1999): Der Schreiber bedient sich verschiedener Quellen, die er in kleinere Abschnitte, z. T. Teilsätze oder Phrasen, zerlegt, bearbei-

tet und zu einem neuen Text zusammenfügt. Um die Rekonstruktion der nicht-genannten Quellen zu erschweren, nimmt er dabei Veränderungen der Originaltexte vor, indem er bspw. einzelne Wörter durch Synonyme ersetzt oder Satzkonstruktionen umstellt.

- *Shake and Paste*: Der Schreiber übernimmt ganze Absätze aus unterschiedlichen Quellen und reiht diese aneinander, sodass ein neuer Text entsteht.
- *Bauernopfer*: Der Schreiber übernimmt ganze Textpassagen aus fremden Quellen, verweist jedoch nur unpräzise auf diese Quellen, sodass dem Leser nicht deutlich wird, welche Anteile dem Schreiber der Arbeit und welche der angeführten Quelle entstammen.
- *Übersetzungsplagiat*: Der Schreiber übersetzt wörtlich aus einer fremdsprachigen Quelle, ohne dies kenntlich zu machen.
- *Strukturplagiat*: Der Schreiber folgt einer Quelle zwar nicht wörtlich, übernimmt aber deren Argumentationskette, ohne dies kenntlich zu machen.

In all diesen Fällen wird eine fremde Leistung als die eigene ausgegeben. Es ist unerheblich, ob das fremde Gedankengut einer Internetquelle, einem Buch, einer Zeitschrift oder der Prüfungsleistung eines Kommilitonen entstammt.

Eine darüber hinausgehende und für die Linguistik spezifische Art des Plagiats liegt dann vor, wenn der Schreiber Daten, sprachliche Beispiele, aus fremden Quellen anführt, diese aber nicht entsprechend ausweist.

Wenn Ihnen ein Plagiat nachgewiesen wird, kann dies rechtliche Folgen für Sie haben, zu denen Verschlechterungen der Note, Ausschluss von der Universität etc. zählen.

Plagiate können Sie vermeiden, wenn Sie sich an die folgenden Ausführungen halten.

2.2 Referate und Zitate

Zitate sind wörtlich übernommene Textpassagen aus anderen Texten.

> Die Historische Soziolinguistik ist vor etwa dreißig Jahren mit dem Anliegen angetreten, Fragen der historischen Linguistik in stärkerer Weise, als dies bis dahin getan wurde, mit Fragen der „Wechselbeziehung zwischen Sprachwandel und Gesellschaftswandel“ zu verknüpfen (Mattheier 1988: 1430).
> (Elspaß 2015: 388)

Referate sind sinngemäße Wiedergaben anderer Texte ohne wörtliche Entsprechungen.

> In Anlehnung u. a. an Andersson (1989) meint nun Thieroff (1992), daß es sich bei der morphologischen Opposition zwischen präsentischem und präteritalem Finitum inhaltlich an sich nicht um einen temporalen Gegensatz, sondern um einen abstrakteren Unterschied der „Distanz“ handelt [...].
> (Fabricius-Hansen 1999: 120)

Ist folgendes Beispiel ein Zitat oder ein Referat? ex\erc\ise

> Klein (1994) thematisiert die Probleme der Temporalsemantik. Er schlägt ein auf Reichenbach aufbauendes System zur Erfassung von Tempus und Aspekt vor.

Erstellen Sie ein Referat, das die wichtigsten Aspekte des folgenden Zitats zusammenfasst. j\ob

Die „klassische Wende“ Goethes darf als literatur- und kulturgeschichtlich gut erforscht gelten. Auch zu Veränderungen sprachlicher Art, die damit korrelieren, finden sich in der sprachwissenschaftlichen Literatur einige (bisher allerdings wenig systematisierte) Beobachtungen. Besonders interessant sind Vergleiche zwischen verschiedenen Fassungen desselben Textes, wie sie etwa Sigal (1960: 258) unternimmt, indem sie auf einige Veränderungen zwischen Urfaust und Faust hinweist. Wenn sich sprachliche Unterschiede zwischen verschiedenen Fassungen desselben Textes feststellen lassen, können die Veränderungen mit den zur Zeit der Überarbeitung offensichtlich maßgeblichen sprachlichen Normvorstellungen in Zusammenhang gebracht werden; die Überlieferung kann in dieser Hinsicht als „Parallelkorpus“ genutzt werden.

In der vorliegenden Untersuchung werden der 1774 erschienene Erstdruck der Leiden des jungen Werthers und die 1787 im Rahmen der Göschen-Ausgabe erschienene Fassung miteinander verglichen. Die dabei zu beobachtenden Unterschiede können nicht als „natürlicher Sprachwandel“ zwischen verschiedenen Sprachstufen gedeutet werden – beide Textfassungen haben denselben Urheber, dessen sprachliche Primärsozialisation bereits bei der älteren Fassung abgeschlossen ist –, stattdessen handelt es sich dabei um stilistische Veränderungen, die sich aber für die Herausbildung der neuhochdeutschen Standardsprache vielleicht als besonders charakteristisch und signifikant erweisen.
(Fleischer, Kuhmichel & Speyer 2012: 306–307)

Wie Sie an diesen Beispielen sehen können, werden bei Referaten keine Anführungszeichen verwendet. Zitate, die weniger als drei Zeilen umfassen, werden stets in doppelte Anführungszeichen gesetzt und unter Beibehaltung der damals geltenden Orthographie und Interpunktion wiedergegeben. Sprachliche und orthographische Fehler werden übernommen und durch ein in eckigen Klammern stehendes „[sic!]“ markiert.

Zitate, die mehr als drei Zeilen im Text einnehmen, werden links und rechts eingerückt und in einer kleineren Schriftart ohne Anführungszeichen aufgeführt. Für ein solches Zitat sollte man sich nur dann entscheiden, wenn die betreffende Textstelle als besonders wichtig erscheint und nicht in eigenen Worten wiedergegeben werden kann:

> Nachträglich werden Wortformen und Syntagmen für eine an der lateinischen Grammatik orientierte Beschreibung präpariert und anschließend als Paradigmen des Deutschen kanonisiert.
>
> > Allein, da die Deutsche Conjugation in Vergleichung mit ausgebildeten Sprachen sehr arm ist, und nur wenig aus sich selbst machen kann, und man in den Deutschen Sprachlehren einmahl gewohnt war, überall die Lateinische zum Grunde zu legen, so glaubte man die Deutsche Conjugation müsste nothwendig so viele Zeiten und Formen haben als die Lateinische […]. Adelung (1782: 771)
>
> Als paradigmatisch für die große Anziehungskraft […] nennt Adelung die traditionellen Bestimmungen des deutschen Verbparadigmas […].
> (Bredel & Lohnstein 2001: 219)

Alle Veränderungen eines Zitats müssen angezeigt werden. Dazu zählen grammatische Veränderungen, Auslassungen,

Hervorhebungen und Ergänzungen bzw. die Erläuterung eines Begriffs. Bei allen Veränderungen muss die entsprechende Textpassage jedoch sinngleich mit dem Original verbleiben. Wir gehen nun in der genannten Reihenfolge auf die unterschiedlichen Zitatveränderungen etwas näher ein.

Zitate können grammatikalisch verändert werden, wenn es zu Verstößen gegen die deutsche Grammatik käme. Im folgenden Beispiel wird ein „r" zu „adverbiale" hinzugefügt, damit der Satz nicht ungrammatisch wird:

> Ähnlich verfahren Helbig/Buscha (2005: 108) mit ihrer Beschreibung als „adverbiale[r] Verbindungen mit finitem kommen" entsprechend *Er kommt, indem er rennt.* Sie präzisieren allerdings noch dahingehend, dass das Adverbiale hier notwendig ist.
> (Vogel 2005: 59)

Nicht immer wollen Sie unbedingt eine gesamte Passage zitieren, sondern zum Teil nur einige Sätze eines Abschnitts. Sie müssen daher Teile des Zitats weglassen, indem Sie an die entsprechende Stelle „[...]" einfügen.

> Welche von diesen angedeuteten Möglichkeiten die richtige ist, [...] das weiß im Moment der Himmel.
> (Reis 1976: 80)

Hervorhebungen in zitierten Textstellen, die Sie selbst hinzugefügt haben, machen Sie am Ende des Zitats kenntlich durch die Angabe „(meine Hervorhebung)" oder „(unsere Hervorhebung)" oder „(Hervorhebung von uns)".

> Levelt (1989: 168) geht davon aus, dass im Sprachproduktionsprozess morphologische Eigenschaften wie das Genus vom lexikalischen Kopf der Phrase abgeleitet werden:
> First, the surface structure indicates the *head-of-phrase function* for each phrase. For instance, if the head noun of a noun phrase is plural, then the whole noun phrase is plural. This does not hold for the non-head elements. Similar relations between head and phrase exist for such features as *gender*, person, definiteness, and case. (Hervorhebungen von uns)
> (Köpcke & Zubin 2005: 98)

Hervorhebungen, die bereits im Original vorgenommen wurden, markieren Sie durch die Angabe „(Hervorhebungen im Original)“, die am Ende des Zitats steht.

Zum Teil ist es aus inhaltlichen Gründen notwendig, innerhalb von Zitaten Ergänzungen einzufügen. Diese erfolgen in eckiger Klammer. Am Ende der Erklärung steht ein Komma, auf das Ihre Initialen folgen, wie im folgenden Beispiel von Ursula Bredel:

> Dabei wird insbesondere die intonatorische Begründungspraxis in eine neue Matrix gestellt, die – wie Maas 2000 zeigt – im Zusammenhang mit der Neukonfigu-ration des Deutschen als Nationalsprache steht, die sich zunehmend gegenüber dem Lateinischen emanzipiert: In diesem Horizont [im Horizont der zunehmenden Durchsetzung des Deutschen als Nationalsprache, U. B.] entsteht ein ganz anderer Schriftdiskurs als der der bisherigen Tradition: [...] (Maas 2000: 186 [...])
> (Bredel 2006: 189–190)

Es ist unbedingt notwendig, dass Sie alle zitierten und referierten Texte selbst gelesen haben und nicht einfach einschlägige Zitate aus anderen Texten übernehmen. Leider wird dies viel zu häufig getan und dabei entstehen systematisch Fehler, die von Text zu Text tradiert werden. Sollten Sie doch einmal in die unglückliche Situation geraten, einen Text zitieren zu müssen, den Sie selbst nicht vorliegen haben, so müssen Sie die Zwischenquelle angeben. Demnach zitieren Sie nach einer Quelle. Solche Fälle treten häufig bei älteren, nur schwer erhältlichen Texten auf. Dann wird am Ende des Zitats die Quelle angegeben, nach der zitiert wird, so wie Ursula Bredel es im folgenden Beispiel getan hat:

> In diesem Sinn schreibt Frisch 1735:
> Der End=Punct ist das leichteste Zeichen (.) Man macht ihn, wo der Verstand eines Stücks der Rede, oder der ganzen Rede aus ist. Da hält man am längsten in, und gibt auch den letzten Worten einen fallenden Tohn.
> (Zit. nach Höchli 1981: 172)
> (Bredel 2006: 189)

2.3 Kurzangaben

Bei jedem Zitat und bei jedem Referat müssen Sie die Angaben liefern, wo die zitierte oder referierte Passage zu finden ist. Dazu können Sie Kurzangaben mit Autorenname, Jahres- und Seitenzahl verwenden. Die vollständigen Literaturangaben, auf die die Kurzangaben verweisen, geben Sie in der Bibliographie (s. Kap. 2.4) an.

> Verschiedene traditionelle Ansätze, wie z. B. Brinkmann (1931) oder Grønvik (1986), legen der Herausbildung des Perfekts im Germanischen ein Modell der Lehnsyntax zugrunde, das dessen verhältnismäßig kurze Entstehungszeit erklären helfen soll: „Das haben-Perfekt tritt im deutschen Raum plötzlich als unvorbereitete Neuerung auf. Im Romanischen hat das „haben“-Perfekt eine

> lange Geschichte, die sich bis zu Plautus zurückverfolgen lässt" (Brinkmann 1931: 25).
> (Öhl 2009: 266)

Man schreibt „(Öhl 2009: 266)", wenn die Kurzangabe auf ein Zitat folgt (s. Beispiel). „Öhl (2009: 266)" schreibt man bei einem Referat oder wenn die Kurzangabe vor dem Zitat steht. Doppelte Klammern des Typs „(Öhl (2009: 266))" vermeidet man.

Bezieht man sich auf die gesamte Arbeit und nicht auf eine bestimmte Seite, so schreibt man „Öhl (2009)" bzw. „(Öhl 2009)".

Bei mehreren Autoren schreibt man Kommata zwischen die Nachnamen der Autoren. Nur die letzten beiden Autorennamen trennt man durch das Verbindungszeichen „&". Nach dem letzten Nachnamen steht wie üblich die Jahreszahl:

> Karnowski & Pafel (2005) bzw. (Karnowski & Pafel 2005)

Wenn mehr als zwei Autoren an der angeführten Arbeit mitgewirkt haben, so ergibt sich das Problem, dass die Nennung aller Verfasser bei der Kurzangabe unübersichtlich wird. „Rodriguez, Dipper, Götze, Poesio, Riccardi, Raymond & Rabiega-Wisniewska (2007)" ist relativ lang; häufig schreibt man stattdessen „Rodriguez et al. (2007)" in der Kurzangabe. Im Literaturverzeichnis sollten jedoch alle Autoren genannt werden. Weitere Regeln zur Erstellung des Literaturverzeichnisses finden Sie im nun folgenden Abschnitt.

2.4 Literaturangaben

Literaturangaben bzw. Bibliographien dienen dazu, dass man die vom Autor verwendeten Texte mit Hilfe der angegebenen Informationen wiederfinden kann.

Es gibt nicht DIE EINE Notation für linguistische Bibliographien; je nach Kursleiter oder Ort, an dem man publiziert, muss man sich auf individuelle Vorgaben für die Bibliographie einlassen. Dennoch enthalten alle Bibliographien mehr oder weniger die gleichen Angaben. Die bibliographische Angabe hängt von der Art der zugrundeliegenden Publikation ab. Dabei wird zunächst zwischen eigenständigen und abhängigen Publikationen unterschieden.

Eigenständige Publikationen sind Publikationen, die als Buch allein und nicht mit anderen Werken zusammen publiziert werden. Dazu zählen Monographien, d. h. Arbeiten, die nur ein Verfasser oder mehrere Verfasser zusammen geschrieben haben, und Sammelbände, in denen ein oder mehrere Herausgeber eigene oder von anderen verfasste Aufsätze publizieren. Eine besondere Unterform des Sammelbands sind Festschriften, die zu Ehren eines berühmten Forschers von seinen Freunden und Schülern publiziert werden.

Monographie eines Autors

Autorennachname, Initiale des Vornamens. (Jahr der Publikation): *Buchtitel. Eventueller Untertitel.* Publikationsort: Verlag.

Duck, D. (2009): *Wie man am besten Geld spart.* Entenhausen: Dagobert Duck Verlag.

Sammelband

Herausgebername, Initiale des Vornamens. (Jahr der Publikation) (Hrsg.): *Buchtitel. Eventueller Untertitel.* Publikationsort: Verlag.

Düsentrieb, D. (1993) (Hrsg.): *1000 nützliche Erfindungen.* Entenhausen: Dagobert Duck Verlag.

Abhängige Publikationen sind Teil einer größeren Publikation, z. B. eines Sammelbands. Daher müssen auch die bibliographischen Angaben dieser größeren Publikation angegeben werden. Aufsätze, die manchmal auch als Beiträge oder Artikel bezeichnet werden, sind die häufigste Erscheinungsform abhängiger Publikationen. Sie können in Zeitschriften oder Sammelbänden erscheinen:

Zeitschriften sind regelmäßig erscheinende Sammlungen von abhängigen Schriften. Sie werden durchnummeriert nach Jahresband und Publikationsjahr und erscheinen fortlaufend unter dem gleichen Namen: *Zeitschrift für germanistische Linguistik, Muttersprache, Zeitschrift für angewandte Linguistik* etc. Mit Zeitschriften sind Jahrbücher insofern verwandt, als sie jährlich unter gleichem Namen und in Nummerierung erscheinen. Sie unterscheiden sich jedoch durch ihre Benennung als Jahrbuch. Sie werden wie Sammelbände behandelt.

Aufsätze in Zeitschriften

Autorennachname, Initiale des Vornamens. (Jahr der Publikation): Aufsatztitel. Eventueller Untertitel. *Zeitschriftentitel* Zeitschriftnummer, Seite – Seite.

Gans, G. (2007): Der Faktor Glück. *Zeitschrift für Enten und Gänse* 117, 29 – 45.

Aufsätze in Sammelbänden

Autorennachname, Initiale des Vornamens. (Jahr der Publikation): Aufsatztitel. Eventueller Untertitel. In: Herausgebername, Initiale des Vornamens. (Hrsg.): *Buchtitel. Eventueller Untertitel.* Publikationsort: Verlag, Seite–Seite.

Gaukeley, G. (2008): Die Funktion von Hexeneiern beim Zaubertrankmischen. In: Duck, D. (Hrsg.): *Festschrift für Walt Disney.* Entenhausen: Dagobert Duck Verlag, 31–57.

Mehrere Herausgeber oder Verfasser

Zwei oder mehrere Herausgeber oder Autoren werden in der auf dem Buchtitel oder dem Aufsatz angegebenen Reihenfolge aufgelistet und durch ein Komma verbunden. Nur vor dem letzten Autor oder Herausgeber steht „&".

Duck, D. & Maus, M. (Hrsg.) (2009): *Entenhausener Geschichten.* Entenhausen: Dagobert Duck Verlag.

Duck, T., Duck, T. & Duck, T. (Hrsg.) (2009): *Die 500 besten Streiche.* Entenhausen: Dagobert Duck Verlag.

Bei mehr als drei Autoren bzw. Herausgebern nennt man häufig nur die erste Person. Alle weiteren Autoren bzw. Herausgeber werden durch „et al." ersetzt.

Düsentrieb, D. et al. (Hrsg.) (2016): *Die 500 besten Erfindungen.* Entenhausen: Dagobert Duck Verlag.

Reihenfolge

Die Publikationen eines Autors stehen in chronologischer Reihenfolge. Die älteren Publikationen werden zuerst aufgeführt. Sollten innerhalb eines Jahres mehrere Arbeiten dieses Autors publiziert worden sein, so verwendet man (2009 a)/(2009 b) etc.

Gans, G. (2007 a): Der Faktor Glück. *Zeitschrift für Enten und Gänse* 117, 29–45.

Gans, G. (2007 b): *Der Faktor Glück. Eine Hinterfragung.* Entenhausen: Dagobert Duck Verlag.

Bei den Publikationen eines Autors X in Kooperation mit anderen Autoren Y und Z werden zunächst alle Publikationen von X und dann die Kooperationen mit Y und Z aufgelistet.

Duck, D. (2009): *Wie man auch mit Pech glücklich sein kann.* Entenhausen: Dagobert Duck Verlag.

Duck, D. & Duck, D. (Hrsg.) (2006): *Geschichten um den ersten Taler.* Entenhausen: Dagobert Duck Verlag.

Duck, D. & Maus, M. (Hrsg.) (2009): *Entenhausener Geschichten.* Entenhausen: Dagobert Duck Verlag.

Adels- und Namenszusätze stehen nach dem Vornamen, Berufsbezeichnungen und Titel entfallen:

Prof. Dr. Daniel Duck

Duck, D. (2005): *Einführung in die Poesie Entenhausens.* Entenhausen: Dagobert Duck Verlag.

Didier von Duck

Duck, D. von (2008): *Einführung in die Sprache Entenhausens.* Entenhausen: Dagobert Duck Verlag.

David D. van Duck jr.

Duck, D. van, jr. (2007): *Einführung in den Slang Entenhausens.* Entenhausen: Dagobert Duck Verlag.

Sprachatlanten, Grammatiken, Korpora, Transkriptbände und Wörterbücher sind spezielle linguistische Publikationsformen. Sprachatlanten enthalten beispielsweise Landkarten, auf denen Aussprachevarianten eines Wortes innerhalb eines Dialekts enthalten sind. Sprachatlanten werden entweder wie Monographien oder wie Sammelbände behandelt, je nachdem ob es einen Autor bzw. einen Herausgeber gibt.

Duck, D. (2014): *Atlas der Sprache der südlichen Gebiete von Entenhausen.* Entenhausen: Dagobert Duck Verlag.

Gans, G. (Hrsg.) (2016): *Sprachatlas der Dialekte Entenhausens.* Entenhausen: Dagobert Duck Verlag.

Grammatiken und Wörterbücher sind eigenständige Publikationen; sie werden entweder wie Monographien oder bei Herausgeberschaften wie Sammelbände behandelt.

Korpora sind zahlenmäßig angemessene Sammlungen sprachlicher Belege, die nach festgelegten linguistischen Kriterien systematisch zusammengestellt werden, bspw. Sammlungen von Zeitungstexten. Eine besondere Form von Korpora stellen Transkriptbände dar, die Verschriftlichungen ursprünglich medial gesprochener Äußerungen enthalten. Korpora und Transkriptbände werden wie Monographien behandelt:

Duck, D. (2015): *Gespräche über Geld. Ein Transkriptband.* Entenhausen: Dagobert Duck Verlag.

Duck, D. (2016): *Korpus der Sprache Entenhausens.* Entenhausen: Dagobert Duck Verlag.

Korpora und Transkriptbände sind häufig auch elektronisch verfügbar. Man ergänzt dann die oben genannten bibliographischen Angaben um die URL, ein Semikolon und das letzte Abfragedatum mit dem Hinweis „gesehen am“:

Duck, D. (2015): *Gespräche über Geld. Ein Transkriptband.* Entenhausen: Dagobert Duck Verlag. (www.entenhausenertranskriptband.enten; gesehen am 28.02.2025)

Duck, D. (2015): *Korpus der Sprache Entenhausens.* Entenhausen: Dagobert Duck Verlag. (www.entenhausenerkorpus.enten; gesehen am 28.02.2025)

Grundsätzlich sind aber auch alle anderen hier aufgeführten Typen der linguistischen Publikation elektronisch publizierbar. Sollte eine Publikation ausschließlich im Internet erschienen sein, sodass man bis auf die URL keine weiteren Angaben zum Publikationsort geben kann, so schreibt man:

Duck, D. (2015): *Immer nur Pech. Eine wissenschaftliche Studie.* (www.DonaldImPech.enten; gesehen am 28.02.2025)

Finden Sie nun die Fehler in folgender Bibliographie und korrigieren Sie!

> Mickey Maus (2005). Wie man eine Comic-Figur wird. In: *Zeitschrift für* Entengeschichte. *73*, 2231–2236.
> Duck, T. (2013): Korpus der Enten-Sprache. Entenhausen: *Dagobert Duck Verlag.*
> Duck. (2015): *Geld. Eine Wissenschaftsgeschichte.* Entenhausen.
> Duck, D. (2015). Zum Status der Comic-Figuren. In: Düsentrieb, D. (2015): *Gespräche über Comic-Figuren.* Entenhausen: Verlag.

In das Literaturverzeichnis Ihrer Hausarbeit kommen nur die Publikationen, die Sie in Ihrem Text zitieren bzw. referieren. Achten Sie bei der Erstellung Ihres Verzeichnisses vor allem auf Einheitlichkeit und informieren Sie sich ggf. auf den Internetseiten Ihres Instituts über spezielle Vorgaben.

Weiterführende Informationen finden Sie in:

Gerstenberg, A. (2009): *Arbeitstechniken für Romanisten. Eine Anleitung für den Bereich Linguistik.* Berlin: de Gruyter.

Stephany, U. & Froitzheim, C. (2009): *Arbeitstechniken Sprachwissenschaft.* Paderborn: Fink.

3. Ein linguistisches Thema finden

Zum Teil geben Dozenten ihren Studierenden Themen für Hausarbeiten vor; im Normalfall müssen Sie Ihr Thema jedoch selbst finden. In diesem Kapitel zeigen wir Ihnen, wie Sie vorgehen können, um ein geeignetes Thema für eine linguistische Hausarbeit zu finden.

Die Wahl des Themas sollte keinesfalls auf die leichte Schulter genommen werden, sondern wohl überlegt sein, denn Sie werden mit diesem Thema viel Zeit verbringen. Daher ist es vorteilhaft, wenn das Thema Sie wirklich interessiert.

Ein besonders häufiger Anlass, sich mit einem linguistischen Thema zu beschäftigen, liegt in der zufälligen Beobachtung, indem z. B. eine besondere Redewendung oder sprachliche Auffälligkeit das Interesse eines Sprachwissenschaftlers weckt. So schreibt z. B. Herbert E. Brekle (1981: 172) über den Grund, warum er sich mit Wörtern wie *U-Turn* beschäftigt:

> Aufmerksam geworden auf den hier insbesondere zu diskutierenden Typus der Verschränkung ikonischer Elemente mit Manifestationen geschriebener Sprache bin ich auf einer Aufschrift *NO U-TURN* oder *DEER XING*.

Da Sprache uns überall begegnet, lohnt es sich, mit offenen Augen und Ohren nach interessanten Themen zu „suchen" und auf interessante Zufallsbegegnungen mit sprachlichen Phänomenen zu hoffen.

Nun kann man aber auch systematischer an die Themensuche herangehen, z. B. können Sie sich selbst Fragen stellen:

- Wofür interessiere ich mich? Mit welchem Thema möchte ich meine Zeit verbringen?
- Welches Vorwissen habe ich? Welche Seminare habe ich besucht, welche Literatur schon gelesen? Was sind die Anforderungen an meine Arbeit? Geht es um Semantik, Morphologie usw.?

Diese Leitfragen könnten Sie zu der Überlegung führen, etwas zum Themenkomplex Tempus zu schreiben. Beim Lesen von zunächst einführender Literatur werden Sie auf bestimmte Phänomene aufmerksam, zu denen Sie weitere Fachliteratur lesen. Sie werden dabei sehen, dass innerhalb dieser Literatur immer wieder bestimmte Fragestellungen angegangen werden. Demnach könnten Sie in den gängigen Einführungen zu Tempus (z. B. Vater 2007) etwa auf das deutsche Präsens aufmerksam werden. Dazu würden Sie weitere Studien lesen, etwa Ek (1996) und Thieroff (1992), und erkennen, dass immer wieder diskutiert wird, wie viele Bedeutungen das deutsche Präsens hat.

Systematischer als bei der Rezeption von Literatur können Sie mit Techniken des **Clusterns**, des **Mind-Mappings** und des **linearen Strukturierens** vorgehen, die in der genannten Reihenfolge nun vorgestellt werden.

Beim **Clustern** aktivieren Sie Ihr bisheriges Wissen zu einem Thema und verknüpfen dieses assoziativ.

Verdeutlichen wir dies erneut am Beispiel des Tempus. Zunächst erstellen Sie ein relativ grobes Cluster mit einem Überblick zu den einzelnen möglichen Themen von Tempus. Dies könnten etwa die Tempora sein und die mit ihnen häufig verbundenen Fragestellungen. Fragen zum Präsens sind die Anzahl von Bedeutungen, seine Verwendungen in Erzähltexten und die Frage, ob es überhaupt ein Tempus ist (es kann ja zum Ausdruck von Gegenwart, Vergangenheit und Zukünftigem verwendet werden).

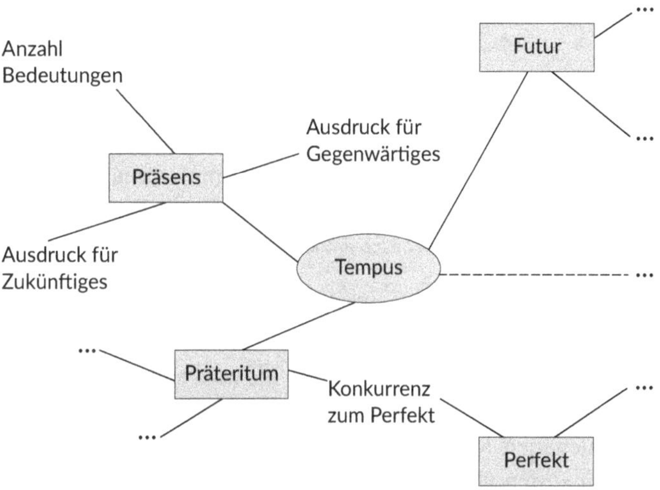

Abb. 3 – 1: Grobes Cluster als Überblick zu möglichen Themen

Angenommen, man entscheidet sich nun für das Präsens als Thema: Beim Durchsehen der Literatur trifft man neben den oben genannten Punkten auch auf seine Funktion als historisches Präsens und auf die Frage nach seiner Beschreibung. Demnach lässt sich das Cluster in diesem Punkt weiter präzisieren:

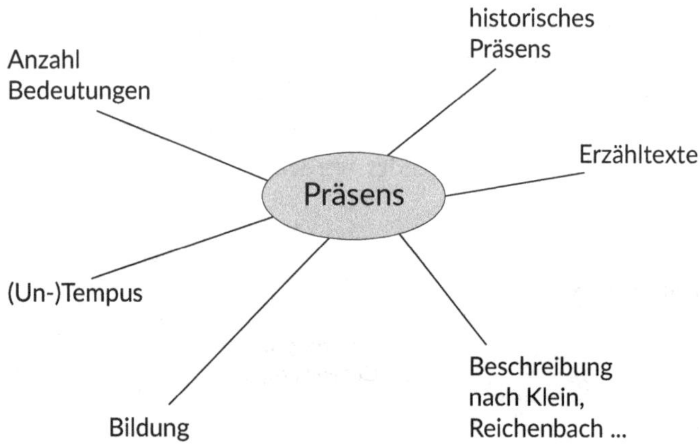

Abb. 3 – 2: Präziseres Cluster nach grober Themenwahl

Nun wird es möglich, den Themenkomplex des Präsens noch enger einzugrenzen. Wer sich etwa mit der Anzahl seiner Bedeutungen auseinandersetzen will, wird sich Fragen zum Zusammenspiel von Semantik und Pragmatik stellen und die verschiedenen Modellierungen der Präsensbedeutung nach den Theorien von Wolfgang Klein (1994), Hans Reichenbach (1947) und anderen vergleichen müssen. Das Cluster sieht demnach wie folgt aus:

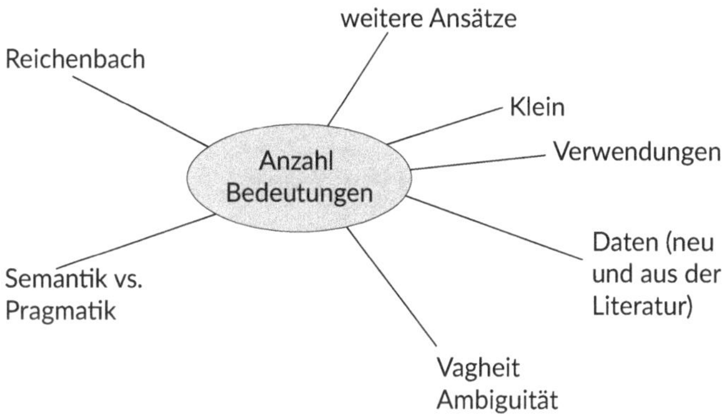

Abb. 3 – 3: Präzisiertes Cluster nach Eingrenzung des Themenkomplexes

Die durch die Eingrenzung gesammelten Punkte müssen nun durch die **Mindmap-Methode** geordnet werden.

Mindmaps sind Strukturbäume, die die verschiedenen gefundenen Einzelpunkte des Clusters graphisch ordnen. Mindmaps funktionieren durch die systematische Zusammenfassung von Einzelpunkten unter übergeordneten Punkten, die wiederum in Abhängigkeit zueinander stehen können. Eine mögliche Mindmap kann wie folgt aussehen:

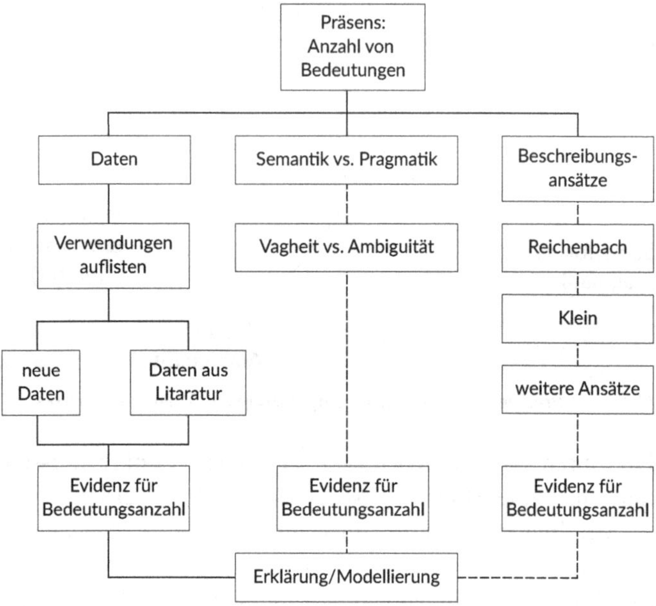

Abb. 3 – 4: Mindmap zum Thema Das Präsens und seine Bedeutung(en)

Die Mindmap kann nun wie folgt **linear strukturiert** (d. h. numerisch gegliedert) und unter Umständen schon als Gliederung für die Arbeit verwendet werden. Es wird dabei deutlich, dass die Mindmap-Methode vor allem in Phasen angewandt wird, nachdem Sie Ihr Thema gefunden haben.

> Das deutsche Präsens
> 1. Einleitung
> 2. Die Datenlage (Beispiele)
>   2.1 Daten aus der Literatur
>   2.2 Neue Daten
>   2.3 Evidenz für Bedeutungsanzahl
> 3. Beschreibungsansätze

4. Semantik vs. Pragmatik
   4.1 Vagheit
   4.2 Ambiguität
5. Ein neuer Beschreibungsansatz
6. Zusammenfassung

In der Gliederung Ihrer Arbeit sollte sich die Fragestellung, die Sie in der Einleitung benennen und die Ihre Argumentationskette strukturiert, widerspiegeln. Dies ist dann der Fall, wenn jedes Teilkapitel dazu beiträgt, die möglichst präzise Fragestellung, die das Thema der Arbeit auf den wesentlichen Kern zuspitzt, zu beantworten. Sie könnte für unser obiges Beispiel folgendermaßen formuliert werden:

> Mit der vorliegenden Arbeit verfolge ich das Ziel, einen neuen Beschreibungsansatz für das deutsche Präsens zu entwickeln, der auf nur einer übergreifenden Grundbedeutung beruht.

In der Fußgängerzone sehen Sie folgende Beschriftung an einem Geschäft: *Fahrrat abstellen verboten.* Unweit des Geschäftes machen Sie ein Schulpraktikum. In einigen Schulheften finden Sie die gleiche Schreibung des Wortes *Fahrrat.* Leiten Sie aus dieser Beobachtung eine Fragestellung nach den oben dargestellten Schritten ab.

Parallel zur Themensuche und -präzisierung, die wir bisher beschrieben haben, sollten Sie sich überlegen, mit welcher Methode Sie Ihr Thema bearbeiten, wie Sie also an Ihr linguistisches Thema herangehen (vgl. auch nächstes Kapitel).

Weiterführende Informationen, die sich aber nicht nur auf die Linguistik beziehen, finden Sie in:

Eco, U. (2010): *Wie man eine wissenschaftliche Abschlussarbeit schreibt.* Wien: facultas.

4. An ein linguistisches Thema herangehen

Im folgenden Kapitel werden wir Ihnen eine Reihe von Möglichkeiten vorstellen, wie Sie Ihr gewähltes Thema linguistisch bearbeiten können.

Beim **Vergleich verschiedener linguistischer Modelle** geht es um die Diskussion verschiedener sprachwissenschaftlicher Theorien in Bezug auf ein oder mehrere sprachliche Phänomene. Dazu eignet sich insbesondere die Diskussion über die Beschreibungsadäquatheit dieser Modelle in Bezug auf ein bestimmtes sprachliches Phänomen. Mit anderen Worten stellt sich folgende Frage: Erklärt das verwendete Modell das beschriebene sprachliche Phänomen vollständig? Beispielsweise hat Meibauer (2003) in einem Aufsatz zu Phrasenkomposita wie *Abgerechnet-wird-am-Schluss-Taktik* Modelle zur Schnittstelle zwischen Syntax und Morphologie miteinander verglichen und überprüft, welches der Modelle am ehesten der Datenlage, also den Beispielen, gerecht wird.

Bei der **empirischen Überprüfung eines linguistischen Modells** überprüft man eine linguistische Theorie anhand von gesammeltem Datenmaterial. Zum Beispiel untersucht Reis (1976) den grammatischen Status von Hilfsverben und greift eine von Ross (1969) in die Diskussion getragene Analyse der Hilfsverben als Vollverben auf. Hilfsverben sind im Deutschen die Verben *sein, haben* und *werden*. Sie haben im Gegensatz zu Vollverben unter anderem eine abgeschwächte Semantik und keine Imperativformen. Demnach zeigt *haben* in *Er hat geschlafen* keinen Besitz an wie die

Vollverbvariante in *Er hat Geld*; ein Imperativ ist nicht möglich (**Habe ausgeschlafen!*). Ross behauptet nun, dass Hilfsverben dennoch als Vollverben analysiert werden könnten. Reis weist diese Hypothese aufgrund der deutschen Daten zurück:

> Welche von diesen angedeuteten Möglichkeiten die richtige ist, ob und in welcher Weise sie in einem richtigen Lösungsansatz zu kombinieren wären, ob sich überhaupt der richtige Ansatz darunter befindet, das weiß im Moment der Himmel. Mir ist nur eines offenbar: Eine radikale Revision der klassischen generativen Grammatik ist unvermeidlich.
> (Reis 1976: 80)

Wenn Sie Ihr Thema empirisch bearbeiten, ist es wichtig, einen Umfang der zu analysierenden Daten zu wählen, der der Ihnen zur Verfügung stehenden Arbeitszeit entspricht. Im Zweifelsfall kann Ihr Dozent Sie hierzu beraten.

Man kann **ein Modell auch auf einen anderen Bereich übertragen**, also einen für ein bestimmtes Phänomen entwickelten Ansatz auf weitere Datentypen oder Fragestellungen anwenden. López Ruá (2002) wendet etwa die ursprünglich für die lexikalische Semantik entwickelte Prototypentheorie für die Analyse von Akronymen (ZDF, BRD …) an. Die Prototypentheorie ermöglicht es, prototypische von peripheren Vertretern einer Wortfamilie zu trennen. Z. B. sind Rotkehlchen prototypische Vertreter von Vögeln, weil sie fliegen, singen und Flügel haben. Pinguine fliegen und singen nicht, haben aber Flügel. Daher sind sie periphere Vertreter. López Ruá kann in ihrer Untersuchung der Akronyme feststellen, dass es eher typische und eher untypische Vertreter unter ihnen gibt.

Zu manchen Themen wird so viel unkoordiniert geforscht, dass ein **Forschungsüberblick** bereits eine eigene Forschungsleistung darstellt. Solche Vorhaben sind nur möglich, wenn auf keinen extensiven Forschungsüberblick beim Schreiben zurückgegriffen werden kann. Nora Wiedenmann (1998) hat beispielsweise die Literatur zu Versprechern und die Versuche zu ihrer Erklärung auf ungefähr 200 Seiten gruppiert und zusammengefasst. Bei linguistischen Hausarbeiten, die zu Beginn des Studiums geschrieben werden, ist dies angesichts der Komplexität sicherlich nicht möglich.

Gelegentlich betreten linguistische Arbeiten Neuland, indem sie bisher **unbekannte Daten publik** machen oder aber Daten bzw. sprachliche Phänomene belegen, für die es bisher keinen empirischen Nachweis gab. Casper De Groot (2000) und Petra Vogel (2007) sammeln etwa Daten aus vielen europäischen Sprachen zu einer bis heute relativ unbekannten Konstruktion: dem Absentiv. Gemeint sind Bildungen des Typs *Anna ist essen*. Sie bringen zum Ausdruck, dass die durch das Subjekt bezeichnete Person vom Sprechort abwesend ist und zu diesem nach der mit dem Infinitiv beschriebenen Tätigkeit zurückkehren wird. So könnten auch Sie in einer Hausarbeit zu einem bestimmten linguistischen Thema neue Daten zusammenstellen und analysieren.

Gehen Sie gedanklich noch einmal zu Ihrem Forschungsprojekt zurück, das Sie am Ende des vorhergehenden Kapitels entwickelt haben. Wie würden Sie nun an dieses Thema herangehen?

5. Linguistisch argumentieren

Wer wissenschaftlich arbeitet, muss andere von seinen Thesen überzeugen. Dies gelingt nur, wenn der Aufbau der eigenen Argumentation logisch und für den Leser nachvollziehbar ist. In diesem Kapitel zeigen wir Ihnen mögliche Gestaltungen linguistischer Argumente und ihre Integration in Hausarbeiten.

5.1 Linguistische Argumentation

Eine Argumentation beginnt mit einer Behauptung, d. h. einer These, die durch Belege gestützt wird. Evtl. können auch Gegenbelege bzw. eine Widerlegung der These erfolgen. Es folgt eine kurze Zusammenfassung. Die Argumentation muss schlüssig und widerspruchsfrei sein. Die folgenden drei Graphiken verdeutlichen dieses Vorgehen.

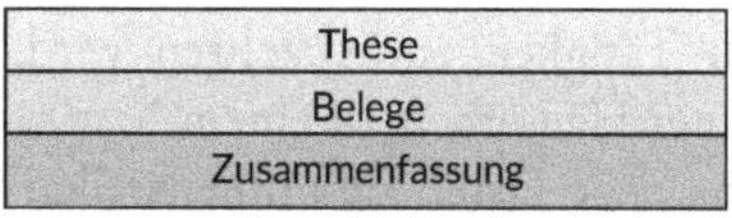

Abb. 5 – 1: Möglicher Argumentationsgang 1

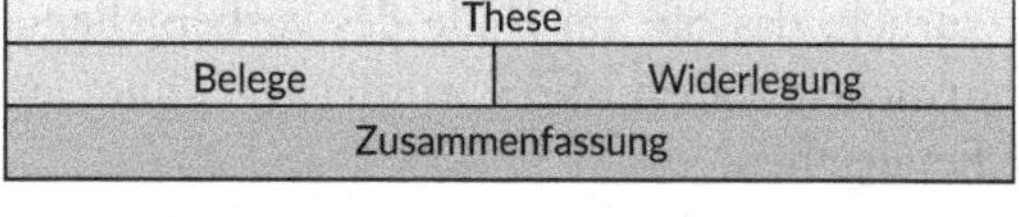

Abb. 5 – 2: Möglicher Argumentationsgang 2

These
Widerlegung
Zusammenfassung

Abb. 5 – 3: Möglicher Argumentationsgang 3

Exemplarisch lässt sich dieses Vorgehen gut an folgendem Abschnitt aus einem Aufsatz von Claudia Maienborn (2007) aufzeigen, in dem sie zeigt, dass das sogenannte Zustandspassiv (*das Bild ist aufgehängt*) keine Ellipse (eine Verkürzung) des Vorgangspassivs (*das Bild ist aufgehängt worden*) ist.

These	Das Zustandspassiv als Vorgangspassiv-Ellipse: Diese [...] Analyse führt Konstruktionen vom Typ (1) auf das Vorgangspassiv zurück. Dem Zustandspassiv liegt demnach ein Vorgangspassiv im Perfekt mit getilgtem Partizip II des Passiv-Auxiliars *worden* zugrunde; s. (5).
Beleg	(5) Der Brief ist geöffnet ~~worden~~. [Part. II: Verbform + (getilgtes) *worden*: Passiv-Auxiliar + sein: Perfekt-Auxiliar]
Widerlegung	Die [...] Ellipsen-Theorie macht die Vorhersage, dass beim Zustandspassiv immer eine Ergänzung des (getilgten) *worden* möglich sein sollte, ohne Auswirkungen auf Grammatikalität und Interpretation des Gesamtausdrucks. Die folgenden Diagnostiken zeigen, dass dies nicht zutrifft. Diagnostik I: Temporaladverbiale [z. B. *gestern, heute* etc., B. R. & L. S.] (z. B. Rapp 1998: 236). Das Zustandspassiv ist mit Zeitdaueradverbialen wie *seit zwei Stunden* kombinierbar, die Vorgangspassiv-Variante nicht; s. (10). Umgekehrt finden Temporaladverbiale wie *vor zwei Stunden*, die das vom Verb eingeführte Ereignis zeitlich einordnen, nur bei der Vorgangspassiv-Variante Anschluss; s. (11). Offenbar bezeichnet das Zustandspassiv eben nicht ein solches Ereignis, sondern einen daran anschließenden Zustand. (10) a. Das Fenster ist seit zwei Stunden geöffnet. b. *Das Fenster ist seit zwei Stunden geöffnet worden.

	(11) a. *Das Fenster ist vor zwei Stunden geöffnet. b. Das Fenster ist vor zwei Stunden geöffnet worden. [...]
Zusammenfassung	Die Liste der hier einschlägigen Diagnostiken ließe sich fortsetzen. Sie alle zeigen, dass das Zustandspassiv weder in seinen formalen Eigenschaften noch hinsichtlich seiner Interpretation via *worden*-Ellipse auf das Vorgangspassiv zurückgeführt werden kann. (Maienborn 2007: 85 - 89)

Abb. 5 - 4: Beispiel für eine linguistische Argumentation

Zur Belegung und Widerlegung einer wissenschaftlichen These gibt es im Bereich der Linguistik im Wesentlichen zwei Möglichkeiten. Entweder kann aufgrund von empirischer Evidenz gezeigt werden, dass die These haltbar oder nicht haltbar ist. Dazu zählen etwa Beispiele, Ergebnisse von Experimenten, Quellen usw. Oder es kann versucht werden, durch theoriegeleitete Argumente die These als richtig oder falsch zu belegen. Für beide Möglichkeiten gilt obiger Aufbau.

Demnach können Sie Thesen linguistisch beispielsweise überprüfen

- durch die **Diskussion neuer, bisher unbeachteter Daten** (gewonnen durch: Korpuslinguistik, Experiment, Beobachtung, Interview ...):
- die **Diskussion weiterer Daten aus anderen Sprachen**. Wenn Sie etwa zum Präsensperfekt eine Arbeit schreiben und immer wieder auf Studien stoßen, die etwa das Deutsche und das Englische miteinander vergleichen, so können Sie weitere Sprachen hinzunehmen. So wird in der Regel behauptet, dass die übereinzelsprachlichen Unterschiede zwischen Englisch und Deutsch im Falle des Präsensperfekts auf das Präsens zurückzuführen sind.

These	What one should generally expect according to such a proposal [Perfektverwendung abhängig vom Präsens, B. R. & L. S.] is that languages with similar present tenses have similar present perfects.
Widerlegung	This, however, is not the case, as has been argued by Rothstein (2006). While the Swedish present tense patterns systematically with the German present tense against the English present, the Swedish present perfect behaves like the English present perfect, e. g. in not allowing for a past adverbial to apply to the present perfect: (14) a. *Sigurd har kommit igår. [Swedish] S. has come yesterday. b. *Sigurd has arrived yesterday. c. Sigurd ist gestern gekommen. [German] S. is yesterday come.
Zusammenfassung	Based on the Swedish data, Rothstein concludes that the behavior of the present tense in a language is not correlated with the behavior of the present perfect in the same language. (Schaden 2009: 121)

Abb. 5 – 5: Argumentation über mehrere Sprachen

- die **Diskussion der Richtigkeit bisheriger Daten.** Maienborn (2007) diskutiert etwa Daten des Typs *die Prinzessin ist geheiratet*, die von früheren Studien als ungrammatisch eingestuft worden sind (etwa Rapp 1997).

These	Beim Blick auf die einschlägige Literatur zum Zustandspassiv fällt auf, wie sehr die Grammatikalitätsurteile hier schwanken und wie willkürlich gefällt sie zuweilen anmuten. […] In (55) sind einige mehr oder weniger zufällig ausgewählte Belege aufgeführt. (55) a. *Die Antwort ist gewusst. (Kratzer 2000: 5) b. *Carola ist (seit letztem Sommer) geheiratet. (Rapp 1998: 253)
Widerlegung	(56) e. Formel zur Geringhaltung der Lebenshaltungskosten: „Mein Haus ist gemietet, mein Auto ist geleast, und meine Frau ist geheiratet.“ (Google)

	Recht instruktiv für die weiteren Überlegungen ist der Fall von *geheiratet sein*. Rapp (1997: 185, 1998: 253) stellt fest, dass *heiraten* [. . .] kein Zustandspassiv bildet. Wegen der Existenz der Konkurrenzform *verheiratet* komme es hier vielmehr zu einer lexikalischen Blockade. Die beiden Belege (56 d, e) zeigen allerdings, dass es durchaus Kontexte gibt, in denen sich kein solcher Blockade-Effekt einstellt und *geheiratet sein* neben *verheiratet sein* offenbar systematisch verfügbar ist.
Zusammenfassung	[. . .] Die bisherige Diskussion der Daten in (55) und (56) weist darauf hin, dass es nicht in erster Linie die Grammatik ist, die über die Zulässigkeit des Zustandspassivs entscheidet [. . .], sondern dass hier offenbar maßgeblich pragmatische Bedingungen beteiligt sind. (Maienborn 2007: 102 - 104)

Abb. 5 - 6: Argumentation über Richtigkeit der Beispiele

- den **Einbezug jüngerer/modernerer Theorien, die Sie auf eine oder mehrere Einzeltheorien oder Daten anwenden.** Arnim von Stechow (1999) wendet etwa eine neuere Perfekttheorie, die von McCoard (1978) für das Englische entwickelt wurde, auf das Deutsche an.

ex erc ise Welcher Tabelle 5 – 1 bis 5 – 3 entspricht folgender Abschnitt?

> Wie wird Kohärenz [inhaltlicher Zusammenhang von Teilen eines Textes, B. R. & L. S.] hergestellt? [. . .] Die einfachste Antwort wäre, Kohärenz entstehe dadurch, dass Textbestandteile durch Kohäsionsmittel [sprachliche Verweise zwischen Teilen eines Textes, B. R. & L. S.] verbunden werden, wie in (18), wo die Anaphern *der, sie, seiner* und die Lexemwiederholung *die Frau* sowie die Konnektoren *da* und *und* offenbar für Kohärenz sorgen:

(18) Es war einmal ein reicher Mann, *der lebte* lange Zeit vergnügt mit *seiner* Frau, *und sie* hatten ein einziges Töchterlein zusammen. *Da* ward *die Frau* krank [...] (Aschenputtel)

Diese Ansicht kann als der textgrammatische Ansatz zusammengefasst werden [...]. Jedoch sollte danach auch (19) einen kohärenten Text bilden, treten dort doch dieselben Kohäsionsmittel wie in (18) auf und sind doch die einzelnen Teilsätze durchweg grammatisch und sinnvoll. Dennoch würde man (19) nur schwerlich als kohärenten Text einstufen.

(19) Es war einmal ein reicher Mann, *der* stand Kopf und jonglierte und *seine* Frau verkaufte Obst auf dem Markt, *und sie* schreiben lange Briefe an die Zeitung. *Da* ging *die Frau* in den Wald spazieren.

Kohäsionsmittel allein sind es somit nicht, die Kohärenz herstellen.

(Averintseva-Klisch 2013: 13)

5.2 Aufbau linguistischer Arbeiten

Wissenschaftliche Arbeiten haben einen in der Regel von der jeweiligen Disziplin festgelegten inhaltlichen **Aufbau**. Die **Einleitung** enthält die Zielsetzungen der Arbeit und begründet das Thema, formuliert die Fragestellung/die Untersuchungshypothese, erläutert die sachliche und methodische Vorgehensweise und gibt knapp den Aufbau der Arbeit wieder. Der darauf folgende **Forschungsstand** Ihrer Arbeit enthält einen Überblick zu der für Sie relevanten und wichtigsten Literatur. Der Forschungsstand ist eine Momentaufnahme der Fachliteratur zu einem bestimmten Zeitpunkt und zu einer bestimmten Fragestellung. Dabei kann er sowohl gemeinsame als auch unterschiedliche Analysen der Literatur diskutieren. Die verwendete Literatur sollte man so exakt wie möglich erfassen und in keinem Fall dem Autor des Textes Unrecht tun. Fragestellungen, die Ihnen bei der Darstellung des Forschungsstands helfen, sind: Wird die gleiche These vertreten? Wird vom gleichen Ansatz ausgegangen (z. B. strukturalistisch)? Wird die gleiche Methode angewendet (empirisch, theoretisch)? Werden die gleichen Ziele angegeben? Werden die gleichen Quellen verwendet? Anschließend können Sie Ihre **Hypothese** und, wenn Sie empirisch, d. h. mit systematisch erhobenen Beispielen, arbeiten, die eingesetzte **Forschungsmethodik** vorstellen. **Forschungsmethoden** sind der planmäßige und systematische Versuch, zu wissenschaftlichen Ergebnissen zu gelangen, der es allen Beteiligten ermöglicht, das Zustandekommen dieser Ergebnisse wissenschaftlich nachzuvollziehen: Zum Beispiel können Sie angeben, mit welchen Korpora Sie gearbeitet haben. Bei einer empirischen Arbeit folgen anschließend **Auswertung** und **Diskussion** der Beispiele nach Kriterien, die Sie festgelegt und im Methodenteil erklärt haben. Bei der Diskussion interpretieren Sie die ausgewerteten Beispiele; bei der Auswertung machen Sie lediglich eine Bestandsaufnahme dessen, was ausgewertet wird. Bei theoretischen, d. h. nicht empirischen Arbeiten gibt es keine Kapitel Forschungsmethodik, Auswertung und Diskussion, sondern einzelne Kapitel, die sich durch die Logik des zu erforschenden Sachverhalts ergeben. Für beide Arbeiten gilt, dass die linguistische Argumentation sich an dem in Kapitel 5.1 Gesagten orientiert. Der **Schluss** enthält eine knappe Zusammenfassung und eine Bewertung sowie eine (selbst-)kritische Reflexion der Ergebnisse, setzt sich mit der Forschungshypothese auseinander, greift die Fragestellung der Einleitung auf und formuliert etwaige Forschungsdesiderate, d. h. neue Fragestellungen für die Forschung. Betont sei, dass linguistische Arbeiten keinesfalls genau diesen Aufbau haben müssen.

Warum ist folgender Aufbau einer linguistischen Hausarbeit ungünstig? ex erc ise

1. Einleitung
2. Beispielsammlung
3. Forschungsfrage
4. Auswertung
5. Zusammenfassung

Handelt es sich bei folgendem Aufbau um eine theoretische oder eine empirische Arbeit? ex erc ise

1. Einleitung
2. Lügen, Lügenerwerb und Geschichten vom Lügen
   2.1 Aufgaben im Lügenerwerb
   2.2 Verlauf des Lügenerwerbs
3. Methodisches Vorgehen
   3.1 Analysematerial: Bilderbuch *König Wirklichwahr* (Schreiber-Wicke & Holland 2007)
   3.2 Analysekriterien
4. Ergebnisse: Lügen im Bilderbuch *König Wirklichwahr*
5. Fazit

Wie unterscheiden sich die beiden Darstellungen des Forschungsstands zum Perfekt und Präteritum? Welcher Forschungsstand ist informativer und übersichtlicher? ex erc ise

Musan (2002) stellt eine temporal-aspektuelle Analyse vor, die… ①
Auch Ehrich (1992) schreibt dem deutschen Perfekt eine tempo-

ral-aspektuelle Bedeutung zu. Nach Klein (1994) ist das deutsche Perfekt hingegen... Nach diesem Forschungsüberblick möchte ich nun ...

② Zum Perfekt und Präteritum im Deutschen gibt es in der sprachwissenschaftlichen Diskussion vier verschiedene Hypothesen:

A. Die Äquivalenzhypothese

Gemäß dieser Hypothese gibt es zwischen Perfekt und Präteritum keinen semantischen Unterschied. Beide Formen werden als Tempora mit der Bedeutung ‚Vergangenheit' analysiert (vgl. z. B. Admoni 1966). Vertreter der Äquivalenzhypothese leugnen nicht, daß es andere als semantische Unterschiede zwischen Perfekt und Präteritum gibt, erklären diese aber – in synchroner Betrachtungsweise – pragmatisch oder – in diachroner Orientierung – dialektologisch. [...]

B. Die Differenzhypothese

Der Äquivalenzhypothese steht die Differenzhypothese gegenüber, wonach Präteritum ein Tempus, das Perfekt hingegen ein Aspekt ist (Watermann 1956). Die Bedeutung des Perfekts als Aspekt wird unterschiedlich angegeben, als ‚Vollzug' (u. a. Brinkmann 1962; Glinz 1970; Heidolph et al. 1981) oder als ‚Gegenwartsrelevanz' (Comrie 1976)
[...]

D. Die Komplexitätshypothese

Dieser Hypothese zufolge vereinigt das Perfekt in sich zwei Bedeutungskomponenten, eine temporale mit der Bedeutung ‚Gegenwart' und eine aspektuelle mit der Bedeutung ‚Vollzug' bzw. ‚Abschluß'. Beide Komponenten sind in der komplexen Form ‚Finites Auxiliar + Partizip' durch jeweils ein Element vertreten:

> die temporale Komponente durch das Finitum, die aspektuelle durch das Partizip. [...]
> (Ehrich 1992: 88–94)

Weiterführende Hinweise zum Aufbau linguistischer Arbeiten finden Sie in:

Stephany, U. & Froitzheim, C. (2009): *Arbeitstechniken Sprachwissenschaft*. München: Fink.

6. Linguistische Texte finden

Bevor Sie sich an eine linguistische Hausarbeit setzen, müssen Sie sich zunächst in Ihr Thema einarbeiten und wissen, was darüber schon geschrieben wurde. Daher zeigen wir Ihnen in diesem Kapitel, wie Sie vorgehen können, um relevante linguistische Literatur zu finden. Prinzipiell gilt, dass die relevante Forschungsliteratur aktuell, innovativ, inhaltlich korrekt und zu Ihrem Thema passend ist. Aber auch ältere Literatur ist dann relevant, wenn sie als Grundlage für später veröffentlichte Arbeiten dient und zum Zeitpunkt ihrer Veröffentlichung selbst aktuell, innovativ, inhaltlich korrekt und zum Thema passend war. Das Suchen von wissenschaftlicher Literatur bezeichnet man als Bibliographieren.

Beim Bibliographieren lässt sich Zeit sparen, wenn man sich an folgende Schritte hält:

1. Schritt: Einstieg

Lesen Sie die grundlegende Literatur. Dies sind zumeist Einführungsbücher zum jeweiligen Spezialgebiet. Selbstverständlich gehört auch die in Ihrer Lehrveranstaltung bereitgestellte Literatur dazu.

Darüber hinaus gibt es mehrere Reihen, die auf hohem, aber verständlichem Niveau von Experten geschriebene Artikel zu Spezialthemen bereithalten. Dazu zählt vor allem die sprachwissenschaftliche Reihe *Handbücher zur Sprach- und Kommunikationswissenschaft* (HSK) vom de Gruyter-Verlag. Sie informiert ausführlich über einzelne Themen in verhältnismäßig kurzen Artikeln und bietet eine Fülle an weiteren Literaturangaben, auf die Sie beim dritten Schritt zurückgreifen können.

2. Schritt: Fachbibliographien und Schlagwortkataloge

Nach der Einarbeitung in die einführende Literatur empfiehlt es sich, Fachbibliographien, Schlagwortkataloge und kommentierte Bibliographien durchzusehen.

- Bibliographien sind Verzeichnisse von Literaturangaben.
- Fachbibliographien sind Bibliographien zu einem bestimmten wissenschaftlichen Fachgebiet.
- Kommentierte Bibliographien sind Bibliographien mit erklärenden Hinweisen und/oder Zusammenfassungen der dort aufgeführten Literatur.
- Schlagwortkataloge sind Bibliothekskataloge, die die Literatur nach Schlagwörtern geordnet aufführen.

Zur germanistischen Linguistik gibt es eine vom Mannheimer *Institut für Deutsche Sprache* herausgegebene Fachbibliographie zu einzelnen Themen. Diese Bibliographien werden von Spezialisten erstellt und enthalten für viele Fragestellungen die relevante Literatur.

Eine fortlaufende und zumeist kommentierte Bibliographie liegt mit der Zeitschrift *Germanistik* vor. Über ein Personen- und Sachregister können Themenbereiche recherchiert werden.

Die unkommentierte, keinen Anspruch auf Vollständigkeit erhebende linguistische Bibliographie, die *Bibliographie zur deutschen Grammatik,* besteht gegenwärtig aus vier Bänden:

Eisenberg, P. & Wiese, B. (1995): *Bibliographie zur deutschen Grammatik 1984–1994.* Tübingen: Stauffenburg.

Frosch, H., Schneider, R., Strecker, B. & Eisenberg, P. (2004): *Bibliographie zur deutschen Grammatik 1994–2002.* Tübingen: Stauffenburg.

Frosch, H., Schneider, R. & Strecker, B. (2008): *Bibliographie zur deutschen Grammatik 2003–2007.* Tübingen: Stauffenburg.

Frosch, H., Schneider, R. & Strecker, B. (2013): *Bibliographie zur deutschen Grammatik 2008–2012.* Tübingen: Stauffenburg.

Eine nicht nur auf die Linguistik spezialisierte Suchmaschine aus dem anglophonen Raum ist die *International Bibliography* der *Modern Language Association* (MLA; https://www.mla.org/Publications/MLA-International-Bibliography; gesehen am 05.07.2016), die in Papierform seit 1926 besteht und Fachgebiete wie die Literatur, Landeskunde und die modernen Philologien umfasst. Gesucht werden kann beispielsweise nach Titel, Autor und Schlagwort. Weiterführende Suchbefehle sind leicht zu bedienen. In der Regel hält Ihre Instituts- oder Universitätsbibliothek eine Reihe weiterer elektronischer Suchmaschinen und Bibliographien bereit, mit Hilfe derer Sie schnell und effektiv bibliographieren können. Fragen Sie daher nach oder suchen Sie auf den Internetseiten dieser Bibliotheken. In jedem Fall müssen Sie beachten, dass alle genannten Bibliographien und Suchmaschinen unvollständig sind.

3. Schritt: Schneeballsystem

Beim sog. „Schneeballsystem“ nehmen Sie die neueste relevante Schrift, die Sie gefunden haben, und benutzen deren Bibliographie, um nach älterer Literatur zu suchen.

Dann schauen Sie in diese Literatur und suchen nach noch älterer weiterer Literatur.

Was wie ein Schneeball anfängt, endet dann zumeist mit einer Lawine. Sie werden schnell viel Literatur finden. Dabei werden Sie auch den Literaturkanon, d. h. diejenige Literatur, die immer zitiert wird, entdecken. Es ist selbstverständlich, dass Sie die gefundenen relevanten bibliographischen Angaben auf Inhalt und ihre fachliche Richtigkeit überprüfen müssen.

Häufig arbeiten Linguisten nicht nur einmal zu einem bestimmten Thema, sondern widmen sich ihm mehrmals. Es kann daher von Vorteil sein, wenn Sie die Website der Linguisten besuchen, die etwas über Ihr Thema geschrieben haben, und so nach neueren relevanten Publikationen suchen.

4. Schritt: Arbeit mit systematischen Bibliographien

Systematische Bibliographien sind Bibliographien, die jahresweise erscheinen und die Anspruch auf die Aufführung sämtlicher im betreffenden Jahr publizierter Literatur erheben.

Für das systematische Bibliographieren empfiehlt sich nun die Auswertung von Allgemein- und von Nationalbibliographien, zu denen etwa für die Linguistik die *Bibliography of Linguistic Literature/Bibliographie Linguistischer Literatur* (BLL) gehört. Sie listet Arbeiten zur Allgemeinen Linguistik und zur anglistischen, germanistischen und romanistischen Linguistik auf. In der BLL werden unter anderem Monographien, Dissertationen, Manuskripte, Aufsätze aus etwa 1000 laufenden Zeitschriften, Beiträge aus Sammelwerken, Festschriften, Kongress- und Institutsberichten aufgeführt. Sie erscheint jährlich und enthält jeweils die Literatur des Vorjahres in einem Umfang von ungefähr 10 000 Titeln. Mittlerweile ist sie auch online verfügbar (http://www.blldb-online.de; gesehen am 12.07.2016). Bitte erkundigen Sie sich, ob Ihre Universitätsbibliothek eine Lizenz für diese Bibliographie hat.

5. Schritt: World Wide Web

Natürlich kann man Literatur auch über das Internet recherchieren, doch ist nicht alles, was Sie dort vorfinden, für wissenschaftliche Zwecke auch wirklich zu gebrauchen. Das gilt insbesondere für Dokumente, die den wissenschaftlichen Standards nicht genügen. Das kann insbesondere auf private Seiten, aber auch auf Wikipedia und ähnliche Formate zutreffen.

Doch bietet die internetbasierte Literatursuche auch Vorteile. Eventuell stoßen Sie hier auf Schriften, die in namhaften Reihen publiziert wurden. Das sind in der Regel Reihen, bei denen nur mehrfach begutachtete Arbeiten erscheinen, die jedoch nicht notwendigerweise durch die obigen Schritte 1 bis 3 gefunden werden konnten.

Im World Wide Web gibt es auch eine Reihe von Seiten für Linguisten, zum Beispiel die *linguist list* (http://linguistlist.org/; gesehen am 12.07.2016). Erklärtes Ziel dieser Seite ist, ein Forum zur Diskussion linguistischer Angelegenheiten zu bieten. Auch hier wird über linguistische Themen informiert.

Suchen Sie alle Publikationen der letzten zehn Jahre eines Linguisten aus, dessen Nachname mit dem gleichen Anfangsbuchstaben wie Ihr eigener Nachname beginnt.

Weitere Hinweise dazu, wie Sie erfolgreich in linguistischen Fragen recherchieren, finden Sie in:

Gantert, K. (2013): *Erfolgreich recherchieren. Linguistik.* Berlin: de Gruyter.

7. Linguistisch begründen

Wer wissenschaftlich arbeitet, muss andere von seinen Thesen überzeugen. Dies gelingt nur, wenn der Aufbau der eigenen Argumentation logisch und für den Leser bzw. Hörer nachvollziehbar ist. Dazu haben wir bereits im Kap. 5 in die linguistische Argumentation eingeführt. Linguistisch begründen kann man vor allem durch Beispiele, die es sauber auszuwerten und in der Regel auf ihre Aussagekraft zu überprüfen gilt. In diesem Kapitel legen wir dar, was Sie bei der Aufnahme von Beispielen in Ihre Arbeit beachten sollten.

7.1 Beispiele

Beispiele illustrieren theoretische Erkenntnisse und Argumente, sie ersetzen die wissenschaftliche Argumentation jedoch nicht. Dennoch ist es wichtig, qualitativ hochwertige Beispiele anzuführen und die einzelnen Argumente durch Beispiele zu belegen. „Gute“ Beispiele sind einprägsam, prototypisch für ein bestimmtes Phänomen, authentisch und angemessen kurz.

Entscheidend ist, dass linguistische Arbeiten nicht aus einer willkürlichen Aneinanderreihung von Beispielen bestehen, sondern die Beispiele zielbewusst und sparsam zur Illustration von Argumenten und Erkenntnissen eingesetzt werden.

Beispiele können in den eigenen Text integriert oder eingerückt als eigener Abschnitt aufgeführt werden. Im eigenen Text schreibt man Beispiele am besten kursiv, um sie vom übrigen Text abzusetzen.

> Um einen (neuen) Satz oder neu gebildete Wörter zu verstehen, genügt es nicht, die wörtlichen Bedeutungen seiner Einzelteile aufzulisten. Wichtig für die Interpretation ist auch die Art der Verknüpfung der einzelnen Wörter. Dies kann man sich an folgendem einfachen Beispiel verdeutlichen: Obwohl die beiden Sätze *Sabine wurde von Stefan gesehen* und *Stefan wurde von Sabine gesehen* genau dieselben Wörter enthalten, bedeuten sie nicht dasselbe.
> (Steinbach 2002: 163)

Optisch ausgelagerte Beispiele stehen zumeist eingerückt in kleinerer Schriftgröße; sie werden nummeriert. Die Nummern stehen unmittelbar vor dem jeweiligen Beispiel; jede Nummer wird nur einmal vergeben. Man kann sich so auf ein Beispiel beziehen, ohne es wiederholen zu müssen.

> Diese Verwendung des Indikativs I ist nicht ausschließlich auf die abhängige indirekte Rede beschränkt – vgl. (2) –, sondern auch in unabhängiger indirekter Rede zu beobachten, allerdings aus Gründen der Eindeutigkeit nur vereinzelt. Ein Beispiel wären die kursivierten Sätze in (3):
> (2)#Hans sagte, *es stört ihn nicht*, dass er zu spät kommt.
> (3)#Im Falle eines Wahlsieges der SPD bei den Landtagswahlen im nächsten Jahr, kündigte Lafontaine an, werde er im Zweifel mit den Grünen koalieren. *Sie sollen mitregieren. Tolerieren genügt nicht, der Schwanz darf nicht mit dem Hund wedeln.*
> (Fabricius-Hansen 1999: 125)

Thematisch eng zusammengehörende Beispiele werden zusätzlich mit einer kombinierten **Zahl-Buchstaben-Zählung** aufgeführt. Üblicherweise steht zwischen den Zahl-Buchstaben-Zählungen kein Text.

(113) a. Imorgon reser jag till London. (Swedish)
tomorrow go I to London
b. Morgen reise ich nach London. (German)
tomorrow go I to London
(Rothstein 2008: 57)

Zur Form eines sprachlichen Beispiels zählt auch, dass es orthographisch und sprachlich entsprechend den originalen Gegebenheiten aufgeführt wird.

Gelegentlich werden auch ungrammatische Beispiele aufgeführt, etwa um zu zeigen, dass die vertretene grammatische Theorie sie korrekt ausschließt. Ungrammatische Beispiele kennzeichnet man durch einen voran- und hochgestellten Asterisken „*“, grammatikalisch fragwürdige Beispiele durch ein voran- und hochgestelltes Fragezeichen „?“.

(1) *Gestern er geht ins Kino.
(2) ?Du hast das Gesicht geschminkter als Kiss.

Auch Beispiele werden als geistiges Eigentum des jeweiligen Linguisten betrachtet, der sie gefunden hat. Wenn man die Beispiele eines anderen Linguisten zitiert, so muss man ihn als Quelle angeben (vgl. Kap. 2).

Chomsky (1970) has pointed out the following contrast:

(11) a. ?Einstein has visited Princeton.
b. Princeton has been visited by Einstein.

Example (11 a) is odd because it suggests that Einstein is still alive.
(Portner 2003: 464)

Stellen Sie sich vor, Sie schreiben eine Hausarbeit über das deutsche Präteritum. Warum sind die folgenden Beispiele nicht besonders gut geeignet für Ihre Arbeit:

> (7) *In Fribourg ich vorbereitete ein sehr interessantes Thema.
> [...]
> (9) *Ich war in der Roten Zone und dann ich soll nur sechs Monate arbeiten, [...] Dann ich kam hier in diesem Sommer.
> (Sadownik 2006: 9)

7.2 Transkription

Neben der Arbeit mit bereits schriftlich fixierten Texten arbeitet man in der Linguistik häufig mit ursprünglich mündlich geäußerten Daten. Bevor diese Daten ausgewertet werden können, müssen sie schriftlich festgehalten, transkribiert werden. Sie werden so für jedermann einsehbar, sind leichter zu kategorisieren und in der wissenschaftlichen Arbeit zu beschreiben. Es gibt prinzipiell zwei Arten, zu transkribieren. Sie unterscheiden sich nach den mit Ihrer Arbeit verbundenen Zielen.

Zum einen kann eine möglichst lautgetreue schriftliche Erfassung der mündlichen Daten von Interesse sein. Sie fällt in den Bereich der **phonetischen Transkription** und erfolgt zumeist mit Hilfe eines eigens für diese Zwecke entwickelten lautsprachlich basierten Alphabets, des *International Phonetic Alphabet* (IPA). Diese phonetische Transkription ist als Werkzeug für Analysen in den Bereichen der Phonetik und Phonologie etabliert, aber besonders aufwändig. Aufgrund ihrer Komplexität kann sie hier nicht dargestellt werden (vgl. Rues et al. 2007 für eine gute Einführung).

Zum anderen kann diese lautgetreue Verschriftlichung in den Hintergrund rücken, wenn andere Merkmale der mündlichen Sprache besonders interessieren. Dazu können etwa Sprecherwechsel, Satzabbrüche, Pausen oder Selbstkorrekturen zählen. Es geht demnach um die Diskurstranskription, die als Werkzeug unter anderem in der Gesprächs- und Konversationsanalyse, der Soziolinguistik, der Interaktionalen Linguistik und der Spracherwerbsforschung eingesetzt wird. Sie stellt eine diskursanalytische Verschriftlichung kommunikativer Interaktion, also ursprünglich mündlicher Texte dar. Diskurstranskriptionen basieren auf literarischen Umschriften. In besonderem Maße etabliert ist der Vorschlag von Margret Selting et al. (1998), das Gesprächsanalytische Transkriptionssystem (GAT), das inzwischen in einer weiterentwickelten Version, GAT 2 (Selting et al. 2009), vorliegt. Es wurde mit dem Ziel entwickelt, ein vereinheitlichtes Transkriptionssystem für diskurs- und konversationsanalytische Zwecke zunächst im deutschen Sprachraum zu etablieren. Die Überarbeitung von GAT 1 zu GAT 2 sollte vor allem eine Kompatibilität auch im internationalen Forschungskontext ermöglichen sowie die technische Handhabbarkeit sicherstellen – einerseits in Hinblick auf die Erstellung von Transkripten mithilfe von Transkriptionssoftwares (z. B. FOLKER, http://agd.ids-mannheim.de; gesehen am 13.07.2016, sowie EXMARaLDA, http://www.exmaralda.org/; gesehen am 12.07.2016), andererseits um Transkripte innerhalb von elektronischen Korpora computergestützt durchsuchen zu können (vgl. Selting et al. 2009: 354 f.).

Ein Spezifikum von GAT 2 besteht darin, dass Transkripte je nach Forschungsfrage und zeitlichen Ressourcen mit unterschiedlichem Detailgrad angefertigt werden können: das Minimaltranskript, das durch wenige spezifische Konventionen auch für Transkriptionsanfänger lesbar sein soll, das Basistranskript, das bspw. durch die Abbildung von Dehnungen und Tonhöhenbewegungen über das Minimaltranskript hinausgeht, sowie das Feintranskript, das nicht nur für Akzentuierungen und Tonhöhenbewegungen noch detailliertere Konventionen bereithält, sondern vor allem auch Veränderungen der Lautstärke, Sprechgeschwindigkeit und Stimmqualität darstellen kann. Zu den grundlegenden Konventionen für das Minimaltranskript zählt die Darstellung

- überlappender Sprecherbeiträge durch eckige Klammern,
- von Pausen durch runde Klammern,
- von außer- und parasprachlichen Handlungen und Ereignissen durch doppelte runde Klammern (ohne Markierung der Ausdehnung) oder doppelte spitze Klammern (mit Markierung der Ausdehnung)

Grundsätzlich erfolgt die Transkription in literarischer Umschrift, die sich an den geltenden orthographischen Normen orientiert. Abgewichen wird von der deutschen Orthographienorm jedoch insofern, als sowohl satzinitiale als auch satzinterne Großschreibung entfallen (Großbuchstaben signalisieren im Basis- und Feintranskript Akzentuierung) und die Interpunktionszeichen Komma, Punkt, Gedankenstrich, Semikolon und Fragezeichen keine syntaktischen Einheiten, sondern Tonhöhenbewegungen am Ende von Intonationsphrasen markieren. Darüber hinaus können durch Abweichungen von der orthographischen Norm auch regionale Aussprachevarianten und Klitisierungen verdeutlicht werden. In formaler Hinsicht zeichnen sich Transkripte nach GAT 2 dadurch aus, dass jede Transkriptzeile fortlaufend nummeriert wird, wodurch die metasprachliche Analyse der Transkripte erleichtert wird. Hinter der Zeilennummer wird der Sprecher nur dann angegeben, wenn im Vergleich zur vorangegangenen Zeile ein Sprecherwechsel stattfindet. Aufgrund der sich daraus ergebenden unterschiedlichen Länge der Angaben, die vor der eigentlichen Transkription in jeder Zeile stehen, empfiehlt es sich, das Transkript in einer äquidistanten Schriftart anzufertigen; üblicherweise Courier New.

Im Folgenden zeigen wir Ihnen ein Minimaltranskript, das den beschriebenen Konventionen entspricht:

```
001 A:  keine ahnung (.)
002     ich hätte als kind wahrscheinlich gedacht
003     des ist irgendwie ein apfel oder
004     (0.6)  [eine kartoffel] oder eine [zitrone]
005 B:         [(zitrone)]                [hm_hm]
```

Die detaillierte Darstellung aller Transkriptionskonventionen für GAT 2 können Sie der Anleitung von Selting et al. (2009: 39ff.) entnehmen. Weiterhin zu empfehlen ist die Lernplattform GAT-TO (http://paul.igl.uni-freiburg.de/GAT-TO/; gesehen am 13.07.2016), die zusätzliche Erklärungen und vor allem auch Übungsaufgaben bereithält.

Bauen Sie das obige Minimaltranskript zu einem Basistranskript aus. Hören Sie sich dazu die Tonspur an, die im online-content zu diesem Büchlein auf der Verlagshomepage hinterlegt ist (www.narr-starter.de).

Neben GAT existieren weitere Transkriptionssysteme, auf die wir hier jedoch nicht näher eingehen können. Zu nennen sind vor allem HIAT (Ehlich & Rehbein 1976; Rehbein et al. 2004), das zur Transkription schulischer Kommunikation entwickelt wurde, sowie CHAT (http://childes.psy.cmu.edu/manuals/chat.pdf; gesehen am 13.07.2016), auf das vor allem in der Spracherwerbsforschung zurückgegriffen wird.

7.3 Glossierung

Zum Teil werden linguistische Studien auch zu Sprachen geschrieben, die der Leser nicht beherrscht. Die Sprache, die in einer Hausarbeit analysiert wird, nennt man **Objektsprache**. Ihre Beschreibung erfolgt **metasprachlich**, d. h. man spricht oder schreibt über diese Sprachen. Versteht nun der Leser die Objektsprache nicht, ist es wichtig, bei der Anführung von Beispielen neben einer Übersetzung eine Art von metasprachlicher „Wort-zu-Wort-Übersetzung" bereitzustellen.

Glossen sind Wort-für-Wort-Übersetzungen der Objektsprache in die Metasprache. Damit dies nicht in einem Chaos mit nicht nachvollziehbaren, individuellen Übersetzungen endet, verwendet man ein regelgebundenes System zur Glossierung.

Eine dieser Glossierungsschriften sind die *Leipzig Glossing Rules*. Für Studienanfänger sind sie vermutlich schwer zu verstehen, da mit der Glossierung eine komplexe linguistische Analyse der objektsprachlichen Daten verbunden ist. Wir geben daher nur ein kurzes Beispiel und verweisen auf Lehmann (2004), Croft (2003) und folgende Internetquelle: http://www.eva.mpg.de/lingua/resources/glossing-rules.php; gesehen am 03.07.2016. onl\@ine

Die *Leipzig Glossing Rules* sind interlinear morphologisch aufgebaut. Sie geben mit anderen Worten die Bedeutung und die grammatikalischen Eigenschaften aller Morpheme der Objektsprache wieder, was durch die Anwendung von zehn

Regeln erreicht wird. Der **Aufbau** einer vollständigen Glossierung besteht bei einem einzeiligen Beispiel aus insgesamt vier Zeilen. Zunächst stehen die jeweilige Beispielnummer und der Name der Sprache. Es folgt das objektsprachliche kursiv gedruckte Beispiel und in der Zeile darauf die Glosse. In der vierten Zeile steht die sinngemäße Übersetzung in einfachen Anführungszeichen. Spielen wir das einmal an einem westgrönländischen Beispiel durch:

(1) Westgrönländisch
palasi=lu *niuirtur=lu*
Priester=und Ladenbesitzer=und
'sowohl der Priester als auch der Ladenbesitzer'

Die im Beispiel verwendeten Gleichheitszeichen geben an, dass es sich bei *lu* um ein Klitikum handelt, also um ein schwach betontes Morphem, das sich an sein benachbartes Wort gewissermaßen anlehnt (vgl. *ll* in *you'll see*). Wer folglich die *Leipzig Glossing Rules* kennt, kann sich über Sprachen informieren, die er selbst nicht beherrscht.

Damit die Morpheme des objektsprachlichen Beispiels und die jeweilige Glossierung unmittelbar übereinanderstehen, kann man entweder mit Tabellen ohne sichtbare Gitternetzlinien arbeiten oder Tabstopps setzen. Die *Leipzig Glossing Rules* erlauben eine einfache und flexible Glossierung einzelner Beispiele. Häufig gibt es mehrere Möglichkeiten, ein Beispiel zu glossieren. Dies ist insbesondere dann der Fall, wenn die objektsprachlichen Daten ambig sind. Wenn Sie den Satz *ich gehe* kontextlos betrachten, so kann *gehe* entweder als indikativische Präsensform (*ich gehe jetzt*) oder als Konjunktiv I (*er behauptet, ich gehe fremd*) des Verbs *gehen* analysiert werden.

Demnach ist Glossierung in gewisser Weise auch eine Interpretation der objektsprachlichen Daten.

exercise

Was bedeuten *mak*, *-arum* und *iamo*?

(1) Türkisch
çık-mak
komm_raus-INF

(2) Latein
insul-arum
Insel-GEN;PL

(3) Italienisch
and-iamo
geh-PRS. 1PL

7.4 Wie Beispiele gefunden werden

In der Sprachwissenschaft haben sich ganz verschiedene Methoden etabliert, um zu bestimmten linguistischen Themen relevante und aussagekräftige Beispiele zu finden: Sie können beispielsweise durch zufällige Beobachtungen (z. B. in der U-Bahn beim „zufälligen" Belauschen anderer Passagiere), durch gezielte Befragungen anderer Sprecher (etwa durch Fragebögen), durch Feldforschung (ein Linguist verbringt mehrere Monate an einem Ort mit der Sprachgemeinschaft, deren Sprache er untersucht) und durch die Auswertung von bereits existierenden Korpora gewonnen werden.

Eine früher oftmals praktizierte Methode bestand aus der Selbstbefragung, der Introspektion, bei der man sich selbst befragte, ob dieser oder jener Satz grammatisch ist. Natürlich bietet das eine ganze Reihe von Problemen, die Charles Fillmore, einst selbst ein glühender Verfechter introspektiv erhobener Daten, wie folgt karikiert:

> He [the armchair linguist, B. R. & L. S.] sits in a deep soft comfortable armchair, with his eyes closed and his hands clasped behind his head. Once in a while he opens his eyes, sits up abruptly shouting, "Wow, what a neat fact!", grabs his pencil, and writes something down. Then he paces around for a few hours in the excitement of having come still closer to knowing what language is really like. [...] Every corpus that I've had a chance to examine, however small, has taught me facts that I couldn't imagine finding out about in any other way.
>
> (Fillmore 1992: 35)

Mittlerweile ist es Standard, Beispiele von anderen Sprechern überprüfen zu lassen bzw. mit Korpora zu arbeiten. Korpora sind systematisch erhobene Sammlungen von Beispielen, die nach bestimmten Kriterien zusammengestellt werden. Für das Deutsche und viele andere Sprachen gibt es mittlerweile online verfügbare Korpora, in denen mit Suchbefehlen die gespeicherten Beispiele gefiltert werden können. Für das Deutsche sind das zum Beispiel *Cosmas II* (http://www.ids-mannheim.de/cosmas2/; gesehen am 12.07.2016) und *DWDS* (http://www.dwds.de/; gesehen am 12.07.2016). Auf den Internetseiten finden sich auch Anleitungen, wie mit den Korpora gearbeitet wird.

j\ob\ Sie haben eben gelesen, dass Beispiele in jedem Fall in Korpora gefunden oder von anderen Sprechern überprüft werden sollten. Überlegen Sie sich, warum man nicht einfach passende Beispiele mit Suchmaschinen im Internet finden kann.

Ausführliche Informationen zur Arbeit mit linguistischen Korpora finden Sie hier:

Lemnitzer, L. & Zinsmeister, H. (2006): *Korpuslinguistik. Eine Einführung*. Tübingen: Narr.
Scherer, C. (2014): *Korpuslinguistik*. Heidelberg: Winter.

Lösungshinweise zu den Exercises und Jobs

_____ Kapitel 1:

Job Seite 9: Sie finden die Lösung unmittelbar nach dem Job.

Job Seite 10: Sie finden die Lösung unmittelbar nach dem Job.

Job Seite 16: Ihre Unterstreichungen und Anmerkungen in Reis (1986) sind (hoffentlich) entsprechend unserer Beispiele im Text.

Job Seite 19: Folgende Fragen wurden gestellt: *Was ist ein Subjekt?* Reis argumentiert dafür, den Begriff „Subjekt" zu ersetzen durch „Nominativ-NP", da dieser beschreibungsadäquater ist. Der Begriff „Subjekt" vereinigt zu verschiedene Kategorien wie Subjektsätze und Nominativ-NP. *Wer verwendet den Ausdruck?* Der Begriff „Subjekt" gehört nach Reis zu den traditionell etablierten Kategorien der Satzgliedanalyse. *Warum benötigt man ein Subjekt?* Reis zeigt, dass der Begriff „Subjekt" nicht beschreibungsrelevant für das Deutsche ist. *Wo benötigt man ein Subjekt?* Man benötigt den Begriff allenfalls im schulischen Kontext, wenn Sprachen miteinander verglichen werden. *Wie verhält sich das Subjekt zu den anderen Satzgliedern?* Er ist nicht relevant für die Beschreibung der deutschen Grammatik.

Job Seite 19: Rothstein (2007) argumentiert anhand einschlägiger Tests dafür, dass das Partizip in Fügungen des Typs *kommt ein Vogel geflogen* ein Verb und nicht ein Adjektiv ist. Seine Analyse wird zum Beispiel durch die fehlende Steigerung des Adjektivs (**er kommt geflogener*) und durch die ausbleibende Präfigierung mit *un-* (**er kommt ungeflogen*) belegt. Abschließend wird überlegt, ob *kommen* innerhalb dieser Fügung ein Hilfsverb ist.

_____ Kapitel 2:

Exercise Seite 23: Es ist ein Referat.

Job Seite 23: In ihrer Studie untersuchen Fleischer, Kuhmichel und Speyer (2012) unterschiedliche Fassungen der Goethe'schen Leiden des jungen Werthers auf sprachliche Veränderungen. Bei ihrem methodischen Vorgehen lehnen sie sich an Sigal (1960) an, die ebenfalls verschiedene Fassungen eines Textes (Urfaust und Faust) vorgenommen und Veränderungen festgestellt hatte. Die Autoren zielen darauf ab, die „zur Zeit der Überarbeitung offensichtlich maßgeblichen sprachlichen Normvorstellungen“ (Fleischer, Kuhmichel & Speyer 2012: 306) zu rekonstruieren, um daraus Schlüsse über „die Herausbildung der neuhochdeutschen Standardsprache“ (ebd.: 307) zu ziehen.

Exercise Seite 35: Durchgestrichenes fällt weg, Ergänzungen/Änderungen sind fettmarkiert.

~~Mickey-~~Maus**, M.** (2005)~~.~~**:** Wie man eine Comic-Figur wird. ~~In:~~ *Zeitschrift für* ***Entengeschichte****. 73*, 2231–2236.

Duck, T. (2013): ***Korpus der Enten-Sprache*****.** Entenhausen: **Dagobert Duck Verlag.**

Duck**, FEHLENDE INITIALE DES VORNAMENS**~~.~~ (2015): *Geld. Eine Wissenschaftsgeschichte.* Entenhausen**: FEHLENDER VERLAGSNAME.**

Duck, D. (2015). Zum Status der Comic-Figuren. In: Düsentrieb, D. **(Hrsg.)**~~(2015)~~: *Gespräche über Comic-Figuren.* Entenhausen: **FEHLENDER VERLAGSNAME.** Verlag.

_____ Kapitel 3:

Exercise Seite 42: Ihr Forschungsprojekt könnte lauten: Werden die Rechtschreibleistungen von Schülern durch öffentlich sichtbare Falschschreibungen (z. B. auf Verbotsschildern) beeinflusst? Schreiben Schüler folglich falsch, weil sie regelmäßig Falschschreibungen lesen?

_____ Kapitel 4:

Job Seite 46: Ihr Forschungsprojekt ließe sich nur empirisch überprüfen; Forschungsliteratur gibt es hierzu bisher kaum. Dabei könnten Sie die eingesetzte Methodik von ähnlichen Studien übernehmen.

Zum Beispiel könnten Sie eine Intervention durchführen, bei der Sie zunächst feststellen, wie Schüler einzelne Wörter schreiben, dann könnten Plakate für vier Wochen mit diesen Wörtern ausgehängt werden, anschließend würde noch einmal getestet, wie die Wortschreibungen nun aussehen. Langzeiteffekte könnten durch einen weiteren Test vier bis acht Wochen später gemessen werden. Eine weitere Gruppe von Schülern wäre die Kontrollgruppe; sie würde nur die Tests mitschreiben, aber die Plakate nicht sehen, so könnte festgestellt werden, ob die Falschschreibungen an den Plakaten liegen. Demnach würden Sie eine Forschungshypothese empirisch überprüfen.

Kapitel 5:

Exercise Seite 51: Das entspricht Tabelle 5–2.

Exercise Seite 54: Besser ist es, erst die Forschungsfrage darzustellen, um dann anhand dieser ein geeignetes Korpus vorzustellen.

Exercise Seite 54: Es handelt sich um eine empirische Arbeit, denn es werden Lügen aus einem Bilderbuch anhand von selbst entwickelten Kriterien analysiert.

Exercise Seite 54: Der erste Forschungsstand ist rein additiv, d. h. einzelne Forschungsergebnisse werden aneinandergereiht aufgezählt, ohne dass eine Gruppierung erfolgt. Der zweite Forschungsstand ist systematisch und gruppierend: Verschiedene einzelne Forschungsergebnisse werden in Gruppen zusammengefasst und systematisch ausgewertet. Der zweite Forschungsstand informiert damit den Leser besser.

Kapitel 6:

Job Seite 61: Die Lösung ist individuell: Sie würden alle Publikationen in der *Bibliography of Linguistic Literature/Bibliographie Linguistischer Literatur* (BLL) finden. Sie müssten diese entsprechend der Vorgaben aus Kapitel 2 aufführen.

Kapitel 7:

Exercise Seite 66: Die Beispiele sind sprachlich falsch, weil sie nicht der korrekten deutschen Wortstellung entsprechen. Sie illustrieren damit nicht das Präteritum. Das zweite Beispiel ist zudem eventuell zu lang.

Job Seite 69:

```
001 A:  keine AH:nung, (.)
002     ich hätte als kind wahrscheinlich gedacht
003     des ist irgendwie ein A:pfel oder,
004     (0.6) [eine karTOFFel] oder eine [ziTRO:ne]
005 B:        [(ziTRO:ne)]               [hm_hm.]
```

Vor allem die Tonhöhenbewegungen am Ende der Intonationsphrasen sowie die Akzentuierungen waren zu ergänzen.

Exercise Seite 72: *mak* bedeutet „raus", *arum* gibt den Genitiv Plural an und *iamo* markiert die erste Person Plural des Präsens.

Job Seite 73: Beispiele können natürlich auch im Internet gefunden werden. Sie sind dann allerdings nicht mehr rekonstruierbar, da sich Internetseiten ständig verändern. Zudem kann man die Herkunft der Beispiele nicht immer eindeutig identifizieren. Z. B. weiß man nicht, ob die Beispiele von Muttersprachlern des Deutschen stammen. Und natürlich bietet das Internet weniger Suchbefehle als von Linguisten erstellte Korpora.

Literatur

Adelung, J. C. (1782): *Umständliches Lehrgebäude der deutschen Sprache, zur Erläuterung der deutschen Sprachlehre für Schulen.* Leipzig. Wiederabdruck: 1971. Hildesheim: Olms.

Admoni, W. (1966): *Der deutsche Sprachbau.* München: Beck.

Andersson, S.-G. (1989): Zur Interaktion von Temporalität, Modalität, Aspektualität und Aktionsart bei den nichtfuturischen Tempora im Deutschen, Englischen und Schwedischen. In: Abraham, W. & Janssen, T. (Hrsg.): *Tempus – Aspekt – Modus: die lexikalischen und grammatischen Formen in den germanischen Sprachen.* Tübingen: Niemeyer, 28–47.

Averintseva-Klisch, M. (2013): *Textkohärenz.* Heidelberg: Winter.

Bredel, U. & Lohnstein, H. (2001): Zur Ableitung von Tempus und Modus in der deutschen Verbflexion. *Zeitschrift für Sprachwissenschaft* 20, 218–250.

Bredel, U. (2006): Zur Geschichte der Interpunktionskonzeptionen des Deutschen – dargestellt an der Kodifizierung des Punktes. *Zeitschrift für Germanistische Linguistik* 33, 179–211.

Brekle, H. E. (1981): Zur Integration eines speziellen Typs ikonischer Elemente in primär schriftsprachlichen Wortbildungen einiger europäischer Sprachen. In: Pöckel, W. (Hrsg.): *Europäische Mehrsprachigkeit. Festschrift zum 70. Geburtstag von Mario Wandruszka.* Niemeyer: Tübingen, 197–207.

Brinkmann, H. (1931): *Sprachwandel und Sprachbewegungen.* Heidelberg: Winter.

Brinkmann, H. (1962): *Die deutsche Sprache: Gestalt und Leistung.* Düsseldorf: Schwann.

Bußmann, H. (2008): *Lexikon der Sprachwissenschaft.* Stuttgart: Kröner.

Chomsky, N. (1970): Deep Structure, Surface Structure, and Semantic Interpretation. In: Jakobson, R. & Kawamoto, S. (Hrsg.): *Studies in General and Oriental Linguistics*. Tokyo: TEC Corporation, 52–91.

Comrie, B. (1976): *Aspect. An Introduction to the study of verbal aspect and related problems*. Cambridge: Cambridge University Press.

Croft,W. (2003): *Typology and universals*. Cambridge: Cambridge University Press.

Dittmar, N. (2002): *Transkription. Ein Leitfaden mit Aufgaben für Studenten, Forscher und Laien*. Opladen: Leske + Budrich.

Dürscheid, C. (2012): *Syntax. Grundlagen und Theorien*. Wiesbaden: Vandenhoeck & Ruprecht.

Eco, U. (2010): *Wie man eine wissenschaftliche Abschlußarbeit schreibt*. Wien: facultas.

Ehlich, K. & Rehbein, J. (1976): Halbinterpretative Arbeitstranskriptionen (HIAT). *Linguistische Berichte* 45, 21–41.

Ehrich, V. (1992): *Hier und Jetzt. Studien zur lokalen und temporalen Deixis im Deutschen*. Tübingen: Niemeyer.

Eisenberg, P. (1994): *Grundriss der deutschen Grammatik*. Stuttgart: Metzler.

Eisenberg, P. (1999): *Grundriss der deutschen Grammatik. Das Wort*. Stuttgart: Metzler.

Eisenberg, P. & Wiese, B. (1995): *Bibliographie zur deutschen Grammatik 1984–1994*. Tübingen: Stauffenburg.

Ek, B.-M. (1996): *Das deutsche Präsens. Tempus der Nichtvergangenheit*. Stockholm: Almqvist & Wiksell.

Elspaß, S. (2015): Grammatischer Wandel im (Mittel-)Neuhochdeutschen – von oben und von unten. Perspektiven einer Historischen Soziolinguistik des Deutschen. *Zeitschrift für germanistische Linguistik* 43, 387–420.

Fabricius-Hansen, C. (1999): „Moody time“: Indikativ und Konjunktiv im deutschen Tempussystem. *Zeitschrift für Literaturwissenschaft und Linguistik* 113, 119–146.

Fillmore, C.J. (1992): ‘Corpus linguistics‘ or ‘Computer-aided armchair linguistics‘. In: Svartvik, J. (Hrsg.): *Directions in Corpus Linguistics*. Berlin: de Gruyter, 105–122.

Fleischer, J., Kuhmichel, K. & Speyer, A. (2012): Sprachveränderung bei Goethe. Das auslautende Schwa in den Werther-Fassungen von

1774 und 1787. *Zeitschrift für Germanistische Linguistik* 40, 305–351.

Frosch, H., Schneider, R., Strecker, B. & Eisenberg, P. (2004): *Bibliographie zur deutschen Grammatik 1994–2002.* Tübingen: Stauffenburg.

Frosch, H., Schneider, R. & Strecker, B. (2008): *Bibliographie zur deutschen Grammatik 2003–2007.* Tübingen: Stauffenburg.

Frosch, H., Schneider, R. & Strecker, B. (2013): *Bibliographie zur deutschen Grammatik 2008–2012.* Tübingen: Stauffenburg.

Gantert, K. (2013): *Erfolgreich recherchieren. Linguistik.* Berlin: de Gruyter.

Gerstenberg, A. (2009): *Arbeitstechniken für Romanisten. Eine Anleitung für den Bereich Linguistik.* Berlin: de Gruyter.

Glinz, H. (1970): *Deutsche Grammatik I. Satz – Verb – Modus – Tempus.* Frankfurt: Athenäum.

Grønvik, O. (1986): *Über den Ursprung und die Entwicklung der aktiven Perfekt- und Plusquamperfektkonstruktionen des Hochdeutschen und ihre Eigenart innerhalb des germanischen Sprachraums.* Oslo: Solum.

Groot, C. de (2000): The absentive. In: Dahl, Ö. (Hrsg.): *Tense and aspect in the languages of Europe.* Berlin: de Gruyter, 693–719.

Günthner, S. (2008): „die Sache ist…“: eine Projektor-Konstruktion im gesprochenen Deutsch. *Zeitschrift für Sprachwissenschaft* 27, 39–71.

Heidolph, K. E., Flämig, W. & Motsch, W. (1981): *Grundzüge einer deutschen Grammatik.* Berlin: Akademie.

Helbig, G. & Buscha, J. (2005): *Deutsche Grammatik. Ein Handbuch für den Ausländerunterricht.* Berlin: Langenscheidt.

Höchli, S. (1981): *Zur Geschichte der Interpunktion im Deutschen.* Berlin: de Gruyter.

Karnowski, P. & Pafel, J. (2005): Wie anders sind Eigennamen? *Zeitschrift für Sprachwissenschaft* 24, 45–66.

Klein, W. (1994): *Time in language.* London: Routledge.

Köpcke, K. M. & Zubin, A. D. (2005): Nominalphrasen ohne lexikalischen Kopf – Zur Bedeutung des Genus für die Organisation des mentalen Lexikons am Beispiel der Autobezeichnungen im Deutschen. *Zeitschrift für Sprachwissenschaft* 24, 93–122.

Langacker, R. W. (1991): *Foundations of Cognitive Grammar. Vol. 2. Descriptive Applications.* Stanford: University Press.

Lehmann, C. (2004): Interlinear Morphemic Glossing. In: Booij, G., Lehmann, C., Mugdan, J. & Skopeteas, S. (Hrsg.): Morphologie. Ein internationales Handbuch zur Flexion und Wortbildung. Berlin: de Gruyter.

Levelt, W. J. M. (1989): *Speaking. From intention to articulation.* Cambridge: MIT Press.

López Ruá, P. (2002): On the structure of acronyms and neighbouring categories: a prototype-based account. *English Language and Linguistics* 6, 31–60.

Maas, U. (2000): *Orthographie. Materialien zu einem erklärenden Handbuch zur Rechtschreibung des Deutschen.* Manuskript Universität Osnabrück.

Mac Whinney, B. (2016): *The TalkBank Project. Tools for Analyzing Talk – Electronic Edition. Part I: The CHAT Transcription Format.* (http://childes.psy.cmu.edu/manuals/chat.pdf; gesehen am 13.07. 2016)

Maienborn, C. (2007). Das Zustandspassiv: Grammatische Einordnung – Bildungsbeschränkungen – Interpretationsspielraum. *Zeitschrift für Germanistische Linguistik* 35, 83–115.

Mattheier, K. J. (1988): Das Verhältnis von sozialem und sprachlichem Wandel. In: Ammon, U., Dittmar, N. & Mattheier, K. J. (Hrsg.): *Sociolinguistics – An international handbook of the science of language and society.* Berlin: de Gruyter, 1430–1452.

McCoard, R. W. (1978): *The English Perfect: Tense Choice and Pragmatic Inferences.* Amsterdam: North-Holland.

Meibauer, J. (2003): Phrasenkomposita zwischen Wortsyntax und Lexikon. *Zeitschrift für Sprachwissenschaft* 22, 153–188.

Moore Howard, R. (1999): *Standing in the Shadow of Giants: Plagiarists, Authors, Collaborators.* Stamford: Ablex.

Musan, R. (2002): *The German Perfect. Its Semantic Composition and its Interactions with Temporal Adverbials.* Dordrecht: Kluwer.

Noonan, M. (1985): Complementation. In: Shopen, T. (Hrsg.): *Language Typology and Syntactic Description.* Cambridge: Cambridge University Press, 42–139.

Öhl, P. (2009): Die Entstehung des periphrastischen Perfekts mit *haben* und *sein* im Deutschen – eine längst beantwortete Frage? *Zeitschrift für Sprachwissenschaft* 28, 265–306.

Portner, P. (2003): The (temporal) semantics and the (modal) pragmatics of the English Perfect. *Linguistics and Philosophy* 26, 459–510.

Rapp, I. (1997): *Partizipien und semantische Struktur. Zu passivischen Konstruktionen mit dem 3. Status.* Tübingen: Stauffenburg.

Rapp, I. (1998): Zustand? Passiv? – Überlegungen zum sogenannten „Zustandspassiv". *Zeitschrift für Sprachwissenschaft* 15, 231–265.

Rehbein, J., Schmidt, T., Meyer, B., Watzke, F. & Herkenratz, A. (2004): *Handbuch für das computergestützte Transkribieren nach HIAT.* (http://www1.uni-hamburg.de/exmaralda/Daten/6D-HIAT/AzM_56.pdf; gesehen am 05.07.2016)

Reichenbach, H. (1947): *Elements of Symbolic Logic.* London: Collier-McMillan.

Reis, M. (1976): Zum grammatischen Status der Hilfsverben. *Beiträge zur Geschichte der deutschen Sprache und Literatur* 98, 64–81.

Reis, M. (1986): Subjekt-Fragen in der Schulgrammatik? *Deutschunterricht* 38, 64–84.

Robinson, H. M. (1966): The major aspects of Reading. In: Robinson, H. A. (Hrsg.): *Reading: Seventy-five years of progress.* Chicago: Chicago University Press, 22–32.

Rodriguez, K. J., Dipper, S., Götze, M., Poesio, M., Riccardi, G., Raymond, C. & Rabiega-Wisniewska, J. (2007): Standoff Coordination for Multi-Tool Annotation in a Dialogue Corpus. In: Association for Computational Linguistics (Hrsg.): *Proceedings of the ACL Linguistic Annotation Workshop.* Madison: Omnipress, 148–155.

Ross, J. R. (1969). Auxiliaries as main verbs. *Studies in Philosophical Linguistics* 1, 77–102.

Rothstein, B. (2006): *The perfect time span.* Doktorarbeit Universität Stuttgart. [publiziert als: Rothstein, B. (2008): *The perfect time span. On the present perfect in German, Swedish and English.* Amsterdam: Benjamins.]

Rothstein, B. (2007): Die Syntax von Fügungen des Typs kam *gefahren*. *Deutsche Sprache* 35, 159–172.

Rothstein, B. (2011): *Wissenschaftliches Arbeiten für Linguisten. Tübingen:* Narr.

Rues, B., Redecker, B., Koch, E., Wallraff, U. & Simpson, A. P. (2007): *Phonetische Transkription des Deutschen. Ein Arbeitsbuch.* Tübingen: Narr.

Sadownik, B. (2006): Zum Syntaxerwerb des Deutschen durch polnische Lerner – Entwicklungsprofile für den Erwerb der Verbstellung im deutschen Satz. *Deutsche Grammatik im europäischen Dialog* 16, 1–16.

Schaden, G. (2009): Present perfect compete. *Linguistics and Philosophy* 32, 115–141.

Scherer, C. (2014): *Korpuslinguistik*. Heidelberg: Winter.

Schreiber-Wicke, E. & Holland, C. (2007): *König Wirklichwahr.* Stuttgart: Thienemann.

Selting, M., Auer, P., Barden, B., Bergmann, J., Couper-Kuhlen, E., Günthner, S., Quasthoff, U., Meier, C., Schlobinski, P. & Uhmann, S. (1998): Gesprächsanalytisches Transkriptionssystem (GAT). *Linguistische Berichte* 173, 91–122.

Selting, M., Auer, P., Barth-Weingarten, D., Bergmann, J., Bergmann P., Birkner, K., Couper-Kuhlen, E., Deppermann, P., Günthner, S., Hartung, M., Kern, F., Mertzlufft, C., Meyer, C., Morek, M., Oberzaucher, F., Peters, J., Quasthoff, U., Schütte, W., Stukenbrock, A. & Uhmann, S. (2009): Gesprächsanalytisches Transkriptionssystem 2 (GAT 2). *Gesprächsforschung – Online-Zeitschrift zur verbalen Interaktion* 10, 353–402.

Sigal, N. A. (1960): Sprache und Stil des jungen Goethe. *Weimarer Beiträge: Zeitschrift für Literaturwissenschaft, Ästhetik und Kulturwissenschaften* 6, 240–265.

Stary, J. & Kretschmer, H. (1994): *Umgang mit wissenschaftlicher Literatur. Eine Arbeitshilfe.* Berlin: Cornelsen Scriptor.

Stechow, A. von (1999): Eine erweiterte Extended-Now Theorie für Perfekt und Futur. *Zeitschrift für Literaturwissenschaft und Linguistik* 113, 86–118.

Steinbach, M. (2002): Semantik. In: Meibauer, J., Demske, U., Geilfuß-Wolfgang, J., Pafel, J., Ramers, K. H. & Rothweiler, M. (Hrsg.): *Einführung in die germanistische Linguistik.* Stuttgart: Metzler, 162–207.

Stephany, U. & Froitzheim, C. (2009): *Arbeitstechniken Sprachwissenschaft.* Paderborn: Fink.

Thierhoff, R. (1992): *Das finite Verb im Deutschen. Modus – Tempus – Distanz.* Tübingen: Stauffenburg.

Vater, H. (2007): *Einführung in die Zeit-Linguistik.* Trier: WVT.

Vogel, P. M. (2005): Neue Überlegungen zu Konstruktionen des Typs *sie kamen gelaufen. Zeitschrift für germanistische Linguistik* 33, 57–77.

Vogel, P. M. (2007): *Anna ist essen!* Neue Überlegungen zum Absentiv. In: Geist, L. & Rothstein, B. (Hrsg.): *Kopulaverben und Kopulasätze: intersprachliche und intrasprachliche Aspekte.* Tübingen: Niemeyer, 253–284.

Waterman, J. T. (1956): The preterite and perfect tense in German. Germanic Review 31, 104–114.

Weber-Wulff, D. & Dehrmann, M. G. (2015): Plagiate in Studium und Wissenschaft. Debora Weber-Wulff im Gespräch mit Mark-Georg Dehrmann. *Mitteilungen des Deutschen Germanistenverbandes.* 62, 168–179.

Wiedenmann, N. (1998): *Versprecher und die Versuche zu ihrer Erklärung. Ein Literaturüberblick.* Trier: WVT.

Zum Nachschlagen